家庭教育的智慧与策略

王 娟 著

中国海洋大学出版社
·青岛·

图书在版编目(CIP)数据

家庭教育的智慧与策略 / 王娟著. -- 青岛：中国海洋大学出版社，2024. 8. -- ISBN 978-7-5670-3948-3

Ⅰ. G78

中国国家版本馆 CIP 数据核字第 2024CX8261 号

JIATING JIAOYU DE ZHIHUI YU CELUE

家庭教育的智慧与策略

出版发行	中国海洋大学出版社		
社　　址	青岛市香港东路 23 号	邮政编码	266071
出 版 人	刘文菁		
网　　址	http：//pub.ouc.edu.cn		
电子信箱	appletjp@163.com		
订购电话	0532－82032573（传真）		
责任编辑	滕俊平	电　　话	0532－85902342
装帧设计	青岛汇英栋梁文化传媒有限公司		
印　　制	青岛国彩印刷股份有限公司		
版　　次	2024 年 8 月第 1 版		
印　　次	2024 年 8 月第 1 次印刷		
成品尺寸	170 mm × 240 mm		
印　　张	11.25		
字　　数	220 千		
印　　数	1—4000		
定　　价	59.00 元		

发现印装质量问题，请致电 0532-58700166，由印刷厂负责调换。

● 吾女司靖南，取司南之意而名之，望其心之有道，行之有向

● 女儿高中毕业典礼时和美国寄宿家庭合照

● 女儿参加美式橄榄球比赛

● 女儿大学毕业照

● 女儿近照 1

● 女儿近照 2

● 女儿近照 3

● 女儿近照 4

● 女儿近照 5

序

在生命的旅程中，孩子成长的每一步都如同绽放的花朵，独特而美丽。家庭，这个温馨的港湾，是孩子踏上人生之旅的第一个舞台，是他们接受教育的起点。家庭，作为孩子成长的摇篮，承载着塑造孩子未来的重要使命。父母，作为孩子生命中的第一任老师和引路人，他们的教育方式和态度将深深影响孩子的未来。

我国著名教育家陶行知先生曾深刻地指出，六岁之前是人格陶冶最重要的时期。这个阶段，孩子如同待琢的璞玉，需要我们精心雕琢。若是我们能在这个时期给予孩子正确的引导和教育，他们便会如同那优美的玉器，熠熠生辉；反之，若是错过了这个关键时期，那些业已形成的不良习惯便可能如同顽石般难以撼动。

家庭教育如同播种，播下何种种子便收获何种果实。它决定了孩子未来的方向。然而，现实中，不少父母对家庭教育的理解仍然停留在表面。他们或忙于工作，或对教育的了解有限，导致在家庭教育中出现了一些不容忽视的问题。有的父母思想上不重视，对家庭教育的目的、形式、内容等了解甚少；有的父母认识不到位，缺乏正确的教育理念和科学的教育方法；还有的父母行为不规范，过度溺爱孩子，包办代替过多。这样的家庭教育，不仅无法帮助孩子茁壮成长，反而会阻碍他们的未来发展。

2016年12月12日，习近平总书记在会见第一届全国文明家庭代表讲话时指出："家庭是人生的第一个课堂，父母是孩子的第一任老师。""家庭教育涉及很多方面，但最重要的是品德教育，是如何做人的教育。""广大家庭都要重言传、重身教，教知识、育品德，身体力行、耳濡目染，帮助孩子扣好人生的第一粒扣子，迈好人生的第一个台阶。”

好的教育，作用于内心，着眼于未来。家庭教育，更多的是一种情感的交流，一种价值观的塑造。父母的一言一行，都在潜移默化地影响着孩子。父母做事、做人都要踏踏实实，不仅要有严谨认真的工作、生活、学习态度，还要有正确的教育理念和科学的教育方法。要让孩子拥有一副好身体，才能支撑他们去追求更高的目标；要培养孩子良好的阅读习惯，让他们在阅读中汲取智慧，开阔视野；要保护孩子对学习的兴趣，这是他们持续成长的动力源泉；要鼓励孩子保持好奇心和创造力，这样才能让孩子在努力成为更好的自己的同时，对社会有所创造、有所贡献。每个孩子都是独特的存在，都有自己独特的天赋和潜力。父母应该关注孩子的个体差异，帮助他们看清自己的优点和不足，找到自己的发展方向，应该用包容和理解的心态去对待他们，鼓励他们勇敢追求自己的梦想。孩子在成长过程中，必定会遇到各种困难和挑战。父母应该教会孩子如何面对失败和挫折，如何管理自己的情绪，如何调整自己的心态，以积极乐观的态度去面对生活。同时，也要教会孩子如何与人相处，如何建立良好的人际关系，这是他们未来成功的关键。

本书的作者王娟女士深耕小学教育30余年，她在做好教育教学、学校管理工作的同时，将先进的教育理念成功地运用于自身的家庭教育实践，女儿顺利考入美国名校并在大学本科毕业后以优异成绩被世界500强企业录用。王娟女士的家庭教育经验将给在家庭教育领域里探索如何科学育儿的父母以有益的启迪。如果您家也有孩子，不妨教他：第一，要有自己的见解，能勇敢表达，不要唯唯诺诺，不必胆小扭捏，关键时候要勇敢表现。第二，学会独立思考分析，小事不纠结，大事不糊涂。清楚自己想要什么，沉下心来做选择。人生拥有清晰的目标，能正确面对困难及挫折，且能坚定地走下去。第三，要始终追求自我提升，让持续学习作为生命的一部分。

家庭教育，就像是一场漫长的修行。父母站得高、看得远，才能引领孩子向更高的目标前进。父母自身也需要不断学习和成长，多读书，多学习教育学、心理学等知识，充实自己、提升自己。每一个孩子都是独一无二的，需要父母的关爱和引领才能绽放出最耀眼的光芒。在未来的日子里，愿每一位父亲或母亲都能成为孩子心中的明灯,照亮孩子前行的道路;都能成为孩子成长道路上的良师益友,陪伴孩子走过每一个精彩的瞬间。也愿每一个孩子都能在家庭教育的熏陶下,成为社会的栋梁之材,为国家和人民做出贡献。这是我们的期望,也是我们的责任。

是为序。

教育学博士后、教授、中国家庭教育学会理事

2024 年 3 月 1 日

自序

从济宁的幽静小巷到洛杉矶的喧嚣都市，从故乡的泥土芬芳到国际大都会的霓虹闪烁，我的女儿走过了一条充满挑战与机遇的成长之路。每当回想她成长的每一个瞬间，我内心都充满了欣慰与自豪。今天，我想通过这本书，与各位读者分享我是如何陪伴、引领和支持她，让她在美国名校崭露头角并在大学本科毕业后顺利进入世界500强企业工作的。

在所有的教育理念中，我崇尚"没有爱就没有教育"，因为我坚信爱的力量。在女儿成长的道路上，我为她营造了一个充满爱与关怀的环境，鼓励她勇敢追梦。从她上幼儿园时，我就注重培养她的学习兴趣和习惯，鼓励她多尝试、多探索。她上小学后，我更加注重培养她的综合素质。教育不仅是传授知识，更是培养习惯、塑造品格、激发潜能的过程。因此，我特别注重培养她独立思考、批判性思维和独立自主解决问题的能力，让她在面对困难时坚韧不拔，面对挫折时顽强不屈。

我坚信阅读的力量。阅读打开世界，读书改变命运。同时我也坚信，读万卷书更要行万里路。蜗居一隅无法看见世界壮美的风景。当女儿决定前往美国深造时，我内心其实既兴奋又担忧。兴奋的是她能够按照自己的意愿选择一个更广阔的平台去发展自己，担忧的是异国他乡的生活和学习是否会给她带来太大的压力。但我深知，应该给予她更多的信任和支持。于是，我鼓励她勇敢前行，告诉她无论遇到什么困难，都要相信自己。

在美国的学习生活中，女儿遇到了很多挑战。语言、文化、学术……每一样都让她倍感压力。但正是这些挑战，让她更加成熟和坚强。我时常与她沟通，听她分享学习和生活的点滴，给予她建议和鼓励。同时，我也鼓励她多参与学校的各种活动和社团，锻炼自己的领导力和团队协作能力。

在美国名校的殿堂里，女儿凭借自己的努力与才华，书写了属于自己的辉煌篇章。她在那里汲取了知识的甘露，与来自世界各地优秀的学子交流碰撞，视野得到了极大的拓展，人生观、价值观也在这个过程中得到了升华。

如今，她已经站在了世界500强企业的舞台上，用她的智慧与勤奋书写着职业生涯的新篇章。她在那里与各路精英并肩作战，共同创造着商业的未来。她的每一步都走得坚定而有力，仿佛在向世界宣告：中国女孩也能在国际舞台上大放异彩！

回首过去，女儿的每一步成长都如同一幅美丽的画卷，在我心中留下了深刻的印记。她的成长不仅仅是个人的成功与荣耀，更是中国女孩自强不息、勇敢追梦的缩影。这离不开她自身的努力和坚持，也离不开父母的支持和引导。尤其是，她在成长过程中，遇到了很多优秀的老师和同学，得到了很多人的帮助和支持。女儿也在与老师、同学、朋友的交往中，学会了如何与他人友好相处，收获了人生中弥足珍贵的友谊与感情。当然，作为母亲，我也与孩子一同学习、成长并从中受益良多。如何与青春期的孩子沟通、如何平衡学业与兴趣、如何面对挑战与压力，等等，这些都是我在陪伴女儿成长过程中学到的宝贵经验。

写此书的初衷就是希望与更多父母分享我的经验和心得，让更多孩子受益。回顾女儿的成长历程，我深感教育的力量和孩子自身的潜力是无穷的。每个孩子都是独特的个体，每个孩子都有潜力在未来成为某一领域的领袖和创造者。我始终相信，每个孩子都天赋异禀，每个孩子都是天使。他们不缺才华、不缺努力，他们缺少的是鼓励、赏识与引领。只要我们给予他们足够的支持和引导，每一个孩子都能够走出一条属于自己的成功之路。真诚希望此书能够激发更多父母对教育的热爱和追求，为下一代的健康快乐成长贡献力量。

最后，我要感谢我的女儿。是她的成长和进步，让我有了写这本书的动力和信心。同时，我也感谢所有给予我帮助和支持的人。非常感谢教育学博士、南京晓庄学院原副校长张波教授在繁忙的日程中拨冗对本书初稿提出指导意见，并数次仔细修改书稿。他的渊博学识、专业水准和热情相助，让我受益匪浅、感动万分。令我倍感荣幸的是，在我国家庭教育领域有着原创性学术贡献的中国家庭教育学会理事、教育学博士后王连森教授，在阅读本书初稿后，对书中的家庭教育理念给予了充分肯定，为书稿的进一步修改提出了宝贵的思路和方向，并欣然同意为本书作序。在此向王教授表示衷心的感谢！

衷心希望本书中分享的家庭教育感悟和心得，能够激发更多父母对家庭教育的深入思考与实践探索，共同为孩子的健康成长与全面发展贡献力量。同时，我也期待着在未来的日子里，与大家携手共进，为更多的孩子和家庭播撒希望与光明的种子。让我们共同见证更多优秀的中国孩子在人生舞台上绽放出更加耀眼的光芒！

2024年2月

目录

第一章
没有爱就没有教育

在家庭中，爱是非常关键的一个元素。家庭教育中的爱能够影响孩子的成长和发展，影响他们的性格和价值观，从而对孩子一生的人生轨迹都产生深远的影响。正如夏丏尊先生在翻译《爱的教育》时所说，教育之没有情感，没有爱，如同池塘没有水一样。没有水就不成池塘，没有爱就没有教育。

在家庭中，爱的表达方式不尽相同。有的父母会通过欣赏、表扬、鼓励来表达爱，有的父母会通过拥抱、亲吻等肢体语言来表达爱，有的则会用实际行动来证明自己的爱。在家庭教育中，父母应该把握好表达爱的方式和时机，让孩子感受到父母的真心和关心。

在家庭中，爱是一种态度，父母要在日常生活中持续不断地传递给孩子。而爱的教育也不是一劳永逸的，需要随着孩子的成长和发展不断地调整和改变。只有如此，才能在家庭教育中实现有爱有教的效果，让孩子有快乐成长的环境和阳光灿烂的未来。

家庭是爱心教育的摇篮

爱心是美德的基础，也是美的最直接的表现。

从古至今，爱心都被认为是一个人的基本道德。孔子主张爱人，孟子在此基础上提出“仁者爱人”。“君子所以异于人者，以其存心也。君子以仁存心，以礼存心。仁者爱人，有礼者敬人。爱人者人恒爱之，敬人者人恒敬之。”（《孟子·离娄下》）意思是说，君子之所以不同于普通人，就是因为存的心思不一样。君子以仁、礼保持本心。仁者爱别人，有礼者尊敬别人。能爱别人的人，别人也能常常爱他；能尊敬别人的人，别人也常常尊敬他。

爱心，是人最珍贵的品质之一。没有爱心，没有人与人之间发自肺腑的关爱，就不可能有人类的进步。爱心，不仅会使世界变得更美好，而且有助于人类的身心健康。

对于孩子的个性发展而言，没有什么能比爱和善良更重要的了，这是孩子将来顺利融入社会的基础和前提。孩子的爱心是通过自然而然的模仿、潜移默化的渗透而逐渐形成的，是一个从外在到内在、从量变到质变的发展过程。在这一发展过程中，家庭是最重要的爱心培育基地，父母是最直接的爱心传播者。因此，孩子有没有爱心，关键在于父母的引导和培养。

爱心是基于个体的社会性情感需要产生的，它不是人与生俱来的品质，而是在后天的环境和教育的熏陶下逐渐形成的习惯性心理倾向，必须在童年时期细心培养。尤其是，孩子的童心是很柔软的，稍不注意就会被岁月磨得粗糙而坚硬。因此，父母要对孩子晓之以理，动之以情，通过小事不失时机地培养和保护孩子的爱心。正如苏霍姆林斯基所说，只有当孩子不是从理智上，而是从内心里体会到别人的痛苦时，我们才能心安理得地说我们在他们身上培养出了最重要的品质，那就是人们的爱。父母可以通过各种教育手段培养孩子的爱心，使其从小就对符合社会道德的助人帮困行为产生愉快、自豪并向往的情绪体验。

一、做孩子的道德榜样

要培养孩子的爱心，父母一定要以身作则。因为，榜样的力量是无穷的，也是最有效的。平时在家里，如果父母把给长辈倒茶、盛饭、搬凳子视为必做之事，逢年过节以孝为先，给长辈买东西、送礼物；夫妻间互相关心，互相帮助；在给孩子买礼物的同时，总不忘给爱人也买一份；吃东西时不忘提醒孩子给妈妈或爸爸也留一份……如果父母平时做了这些，相信孩子也会耳濡目染，从而学会关爱他人，关爱社会。

有爱心的父母更能培养出有爱心的孩子。父母的一举一动都在无意中影响着孩子，这就是所谓的言传身教。所以父母平时要孝敬老人、关心孩子、乐于助人等，让孩子觉得父母是富有爱心的人，自己也想成为爸爸妈妈那样有爱心的人。

二、在生活中培养孩子的爱心

人之初，性本善。爱心的培养应从小抓起。父母要经常爱抚孩子，对孩子微笑，让孩子感受到父母对他的爱，让孩子从小萌生爱心。

父母可以利用生活中的事例引导孩子从小事入手，从身边的事做起。比如，经常让孩子帮助老人做事，关心生病的爷爷、奶奶，爱护、关照邻家弱小的小弟弟、小妹妹，打扫楼梯卫生，在公共汽车上给有需要的人让座。这些发生在孩子身边的小事，才是真正培养孩子爱心的源泉。日积月累，孩子会从心里感受到这种付出的快乐与幸福。

父母应该让孩子多了解生活的真实情况，让孩子从小就学着与父母一起分担，做一些力所能及的事情。勤快的孩子更懂事，更知道关心体贴别人。孩子的事情，父母不应该包办，应该让孩子自己去做。家里的一些事情，如果孩子可以做的，也应该尽量让孩子去做。只有知道真实的生活，孩子才会理解父母，体谅父母，懂得关爱自己的家人。

三、给孩子提供奉献爱心的机会

许多父母只知道一味地疼爱孩子，却忽略了给孩子提供奉献爱心的机会。其实，施爱与接受爱是相互的。如果让孩子只是接受爱，渐渐地，他们就丧失了施爱的能力，只知道索取，不知道给予，并且觉得父母关心他是理所当然的。有的父母以为给孩子多点关心和疼爱，等他长大了，他就会孝敬父母，疼爱父母。其实这是一种误解，父母没有给孩子学习关爱的机会，他怎么会关爱父母呢？还有的父母认为孩子的任务就是学习，其他的都不重要，只有学习好了，将来才会有好的前程，于是什么事都为孩子着想，导致孩子“衣来伸手，饭来张口”。学习固然重要，但是性格、品质、习惯等对孩子的成长、成才更重要，并且这些都需要在生活、学习中培养，不会一蹴而就。

四、教会孩子主动表达爱

拥有爱心，对生活充满感激，对于孩子而言，是一生受用的美好品质。即使孩子将来无法成就大业，但最起码会成为善良的人。

儿童心理学家表示，在孩子小的时候，他们表达爱的主动性是非常脆弱的，十分容易因为成人的拒绝而退缩，从而不敢主动表达爱或者不愿意主动表达爱。所以为了避免把孩子的爱心扼杀在萌芽状态，父母要学会接受孩子的爱。

爱是一种双向的情感交流，表达爱意是孩子的一种情感需求，当孩子的爱被接受时，他们才能学会用正确的方式去爱别人。所以当孩子给你倒了一杯水时，即使你不渴，也要真诚地喝一口，然后给孩子一个拥抱，并告诉孩子你因为他的爱而感到幸福。

五、对孩子进行移情训练

爱心的培养需要进行移情训练，即让孩子把自己痛苦时的感受与别人在同样情境下的体验加以对比，体会别人的心情。这样可以让孩子学会理解别人，体谅别人。譬如，当看到其他小朋友摔倒时，你可以启发自己的孩子说："如果是你摔倒了，是不是感觉很疼？小弟弟一定也摔疼了，我们快去扶起他。"这样，孩子的爱心不知不觉就培养起来了。

我主要是通过以下几个途径培养女儿的爱心。一是教育女儿与同学互帮互助。二是引导女儿为周围有困难的人提供帮助。比如，年龄大的邻居提着东西上楼，我和女儿就主动帮老人家提一下。再如，路边有乞讨的，我让孩子把零花钱送过去，不管那些乞丐是不是伪装的。

情感教育是培养孩子积极心态的基石

科学育儿是现代父母越来越重视的话题，其中情感教育在家庭教育中占据着重要的地位。情感教育有助于培养孩子的情商、社交能力和自尊心等。

一、情感在现代家庭教育中的重要性

在现代家庭生活中，父母往往加大了对孩子学业的关注程度而忽视了对孩子的情感关怀。其实，现代社会越发展，越看重孩子的情感价值而非功利价值，其理由至少有二。

第一，促进孩子的社会化。

社会化是指孩子获得社会所认可的价值和态度的过程，也就是从一个自然人成为一个社会人的过程。一个人的社会化不充分，就很难在社会上立足。家庭、学校和社会都能在不同程度上促进人的社会化，但家庭在孩子社会化的过程中最具影响力。一般来说，家庭中的情感交流出现问题，孩子的社会化也会出现问题。

人在刚出生不久就会表现出许多社会性的反应，比如，爱、恐惧和愤怒，但首要的是爱。研究发现，在孩子一岁前，如果大人对孩子的需求过分迟钝，情感过分冷漠，不能很好地照料孩子，容易使孩子变得冷漠。在孩子三岁前，父母和主要照料者的态度和观点很容易影响孩子的性格。孩子长大后会成为乐观主义者还是悲观主义者，性情是温和的还是冷漠的，是善于信任他人的还是生性多疑的，在很大程度上取决于三岁前父母和主要照料者的人生观及态度、性情。三岁以后，孩子希望从父母那里得到引导、爱护和安全感，会本能地观察父母并模仿他们，从而形成自己的性格和处事能力。父母的爱会使孩子也产生同样的爱，而正是孩子对父母的爱，最终形成了他们与人积极相处的能力。

与父母的情感互动能让孩子学会如何与人相处。那些家庭情感交流上常见的问题，如过多的负面交流、“为你好”的单向情感流动、情感淡漠会造成孩子长大后人际交往出现问题，如缺乏独立性、社交恐惧症、沉迷网络、情绪不稳定、过分考虑他人感受或根本不考虑他人感受、无法与人合作等。这些问题产生的原因实际上都能追溯到早期家庭情感交流出现了问题。

第二，父母在情感上的支持能让孩子更积极地面对人生。

安斯沃斯等人发现，在子女与父母所形成的各种依恋关系中，安全依恋型关系使孩子在学校里更受欢迎，更少经历社会性焦虑，更具备应对挫折、失败和抵御风险的能力，更容易建立健康的亲密关系，获得稳定的社会支持。要培养出安全依恋型的孩子，父母绝不能是冷漠的。在孩子发展早期，父母要提升对孩子需求的观察、反应能力，能够回应孩子的需要，帮助孩子建立对父母、对他人的信任感；在孩子成长的过程中，父母还要尊重孩子，信任孩子，努力理解孩子，给孩子试错的机会。如此，孩子在实践中逐渐建立起自信心，确立起对生活、学习、工作的信心，并能与人友好相处，发展出亲社会的观念和行为，最终拥有爱的能力。

尼尔在《夏山学校》中说，如果只发展头脑而压制情感，生命便会失去活力；如果情感可以自由发展，头脑自然得到发展，情感发展与智力发展相辅相成。基于情感的家庭温情、丰富而有乐趣；基于理智的家庭乏味、单调、冷淡。维系亲密关系的一个重要因素就是情感，在家庭中建立起持续而亲密的关系，通过亲密关系获得积极的力量，这可能就是孩子自信、优秀的秘密。而漠视情感价值的父母将焦虑的心理和行为模式传递给孩子。在“去情感化”家庭中成长的孩子，要么对自己感到无力、失控，缺乏信心，成长过程中经常会出现各种问题，甚至导致心理疾病；要么急功近利，以自我为中心，成为“精致的利己主义者”甚至“空心人”。

二、情感教育中存在的问题

1. 负面情感交流过多

情感交流有正面的，也有负面的，这是正常现象。有时过于强调关系的和睦，在认知上假定家庭关系中不应有负面情感，反而是一种有害的先验论，会对家庭成员造成极大的困扰。尽管如此，对于孩子来讲，正面的、积极的情感交流应该是绝对的主流，这是由他们的心理承受能力和认知能力决定的。随着孩子年龄的增长、心理承受能力的增强、经历的丰富，父母可以慢慢把一些情感传递给孩子。但现在的问题是，不管孩子的承受能力如何，不少父母总是随意向孩子施加负面情感。最常见的一种场景是，在应试化教育氛围的熏染和竞争性育儿观的影响下，父母会建立起与他人相比较而形成的教育目标体系，从而使得多数孩子暴露出自己的弱项和短板，在某些方面处于一种“不能达标”的状态，导致父母觉得孩子有问题，怀疑他们，一些缺乏耐心的父母甚至会“恨铁不成钢”，恶语相加。孩子不能理解父母所谓的“为你好”，加上他们对自己内在的情绪状态认知不足，无法很好地调节情绪、情感，更难以跳出家庭的局限对家庭、情感等进行全局性的审视，因而多数孩子会用一些负面的行为表达对正面情感的需要，比如，通过恶作剧求得关注，通过装病求得关心，只有个别孩子能直接向父母提出正面情感交流的需要。面对孩子的负面情感表达，一些父母能看穿孩子行为背后的动机，但仍有一些父母认为孩子性格有问题。于是，一种越来越对抗的情感交流模式就形成了，恶性循环让家庭中的负面情感越来越多，在某些家庭中甚至成为主流。由此可见，造成这类负面情感交流模式的原因主要是父母，因为他们在压力下无法控制自己的情绪，但很少有父母能认识到这一点。

2. 情感冷漠

人们对他人的排斥、拒绝或忽视的反应常常是抑郁、焦虑、感到情感被伤害。家庭成员的沉默以待，更是非常伤人的“武器”。如果“爱可以激活大脑的奖赏系统，是天然止痛剂”，那么漠不关心给孩子带来的就是一种惩罚式的压抑和内心的痛苦。在今天，不少成年人由于忙碌而忽视孩子的存在，孩子的快乐没有人分享，难过没有人愿意倾听，在学校遇到自己无法解决的困难没有人帮助，更别提情感上的支持了。当孩子向父母寻求帮助时，合情合理的要求却被拒绝；当孩子开心地笑时，心烦的父母极不耐烦地让他“自己玩去”；当孩子取得了难得的好成绩时，父母却没有放下手机抬一下眼皮……这些场景积累到一定程度，孩子便感受到了冷漠，也就是爱的缺失。孩子会认为自己没有人爱，会感到不安、失落、无力。这种内心的不安、失落和无力感有的会向内作用，使孩子长期处于一种低落情绪中；有的则会形成强大的外推力，将孩子推向家庭之外的世界，使孩子在外面寻找爱的可能。但由于孩子辨别是非的能力不足，在复杂的外部世界中，很容易沾染上不良习气。因此，父母应对孩子做出积极的情感反应，密切关注孩子的情感变化。

3. 关怀过度

一些父母对孩子过度关怀。这些孩子或许偶尔会问："为什么我妈觉得冷我就得穿衣服，我妈觉得热我就得脱衣服？"面对孩子的诸多抱怨，父母的回答往往是："我这样做都是为了你好。""我还能害你不成？"在此情境中，孩子会觉得不应该拒绝父母的"爱"，顺从父母的一切安排才是最合理的。久而久之，他们能做的就是享受父母的照顾和安排。一些"教育狂热型"父母以打造"精英型"孩子为己任，热衷于设计孩子的成长过程，替孩子做人生选择。一些"关怀强迫型"父母则热衷于为孩子包办一切，孩子的大事、小事都不需要本人操心，父母想在孩子前面。在这样的家庭那里，孩子永远长不大，永远都需要照顾。

其实，父母的这种过度关爱是一种不尊重孩子主体性的表现。有不少父母会"牺牲"很多个人的东西，包括理想、职业发展机会、休息时间、个人需要等，全心全意地为孩子付出，但殊不知，这种表面上的付出反而是一种"甜蜜的负担"，忽视了孩子的需要，无法提高孩子的自我管理能力。另一方面，在过度溺爱中成长起来的孩子会觉得父母给的一切都理所当然，就有可能逐渐在无节制的爱与控制中丧失自爱与爱人的能力，还会进一步丧失自主性和自信心。

三、父母如何对孩子进行情感教育

1. 积极有效的沟通

与孩子进行积极有效的沟通是情感教育的基础。父母应给予孩子足够的关注和尊重，倾听他们的感受和想法。在孩子诉说困扰、表达情绪的时候，父母要有耐心，理解和接纳他们的想法，避免过度干预或批评。通过有效的沟通，父母可以更好地了解孩子的内心世界，建立起良好的亲子关系。

在这一点上，父母应"多听少说"。不少父母在与孩子沟通的过程中自己说，让孩子听。其实，这样的交流，父母很难全面深入地了解到孩子的想法与感受。父母应该给予孩子倾诉的机会，多让孩子说。譬如，当孩子在学习中遇到难题时，父母不要马上指出他的错处或教导他正确的方法，而要多听听孩子的想法，了解孩子的感受，找出问题产生的原因。这样不但可以增进与孩子的感情，也可以让孩子明白，当遇到任何烦恼时，回到家里都会得到父母的体谅与支持，增加孩子的安全感。

2. 在生活中多渠道培养

情感教育是培养孩子情感管理能力的关键，父母可以通过多种渠道对孩子进行情感教育。例如，父母可以通过阅读绘本、观看电影、玩游戏等方式，让孩子了解不同情感的表达方式，形成识别情感的能力。父母还可以通过情感故事、角色扮演等方式，帮助孩子学会情感调节的技巧，提高他们的情感智力和情感应对能力。父母应特别注意孩子情感共鸣能力和同理心的养成，因为培养情感共鸣能力和同理心有助于孩子发展良好的社交能力、形成关爱他人的意识。父母可以从小事入手，例如，教孩子察言观色，理解他人的情感需求，并鼓励孩子通过行动去帮助别人。

3. 父母应做好情感示范

重视孩子的情感教育，首先要让孩子感受到来自父母的情感。要让孩子的情感认知丰富起来，逐一理解父母的情感反应，如高兴、生气、愤怒、自豪等。尤其是在孩子年纪小的时候，父母尽量少用事实性的评判，不要直接问孩子为什么事情的结果是这样的，而应问他对这件事情是怎么理解的，为什么这么做。

4. 情感教育需要真诚与耐心

情感教育需要父母真诚相待。父母要取得孩子的信任，成为孩子的挚友，才能了解孩子的内心世界，有的放矢地引导孩子。要做到这一点，父母首先应该承认孩子是独立的、有情感深度的理智的人。虽然有的问题很难向孩子解释清楚，但如果父母能够坦诚自己的观点，这真诚的态度就足以赢得孩子的心。实际上，告诉孩子父母的真实体验，不仅能赢得孩子的信赖，还会因贴近孩子的生活而更具有感染力，使孩子更容易从中学到面对困境与坎坷的方法与精神。

情感教育需要父母有耐心。父母要意识到情感教育是一个长期的过程，需要耐心和时间。即使孩子出现情绪问题或不当行为，父母也要保持冷静和理性，通过耐心引导和积极的解决方式来处理问题。

父母的陪伴是孩子成长的“精神营养”

心理学认为，如果一个人从小得不到或很少得到“精神营养”，长期处于孤单、寂寞、失望的境地，就会形成“孤独心理”。拥有这种心理的孩子被称为“心理孤儿”。“心理孤儿”在单亲家庭、留守家庭、孤儿院的孩子中占比较大。

孩子的健康成长除了需要“物质营养”外，也离不开“精神营养”，而父母就是“精神营养”的重要提供者，因为父母的陪伴就是孩子成长过程中最好的“精神营养”。

一、父母陪伴孩子的重要性

美国心理学家布鲁姆的研究表明，70%的有父母陪伴的孩子会比没有父母陪伴的孩子性格更好，习惯也更好。

1. 陪伴启蒙孩子的情感

对于刚出生的孩子来说，这个世界是非常陌生的，他们只能通过自己的感官去了解世界。父母在孩子面前的情绪反应，就是孩子最初感知世界的“窗口”。父母的情绪反应会让孩子慢慢意识到，什么是开心，什么是难过，时间长了，孩子就会学会如何表达自己的情绪。父母的陪伴能够让孩子感受到世界的温暖，对其性格养成有非常大的帮助。孩子哭泣时，父母的安慰、拥抱和抚摸，对孩子来说是最好的“止痛药”。尤为重要的是，父母的陪伴会让孩子学会爱与被爱，而这恰恰是人类最基本、最重要的技能。

2. 陪伴有助于发展孩子的语言和社交能力

从语言发展方面看，孩子从刚生下来只会哭，到后来的牙牙学语，再到能够流利地与人交流，父母都是其第一倾听者和对话者。父母能够通过婴儿的肢体语言以及哭声，读懂孩子的需求并做出回应，这个过程使孩子了解如何感知别人的情绪。随着孩子一天天长大，父母可以通过语言交流和亲子阅读等形式促进孩子的语言发展；通过亲子游戏，让孩子懂得如何合作交流，培养社交能力。

3. 陪伴有助于孩子形成积极的性格

影响孩子性格形成和发展的因素是多方面的，父母的陪伴是其中之一。正是因为有了父母的陪伴，孩子的生理需求和安全需求才能得到满足，性格才会向着积极健康的方向发展。尤其是，父母的陪伴会培养孩子的自信心。孩子的自信心并不是与生俱来的，是在后天慢慢培养形成的。大部分自信的孩子得益于父母的陪伴，尤其是孩子遭受挫折的时候，来自父母的一个简单的拥抱可能就会让孩子感到莫大的安慰。

二、孩子缺少父母的陪伴易导致的成长问题

1. 缺乏安全感

父母的陪伴对孩子的成长是非常重要的，尤其是在婴幼儿早期。通过父母的陪伴，孩子才逐渐构建起对自己的认知，判断这个世界是安全的还是危险的。如果孩子在婴幼儿时期缺少父母的陪伴，会导致孩子缺乏安全感，形成紧张与不安、谨小慎微、自我封闭、怯懦等不良情感状态。如果个体长期在一种安全感匮乏的环境中生活，就会将寻求安全和保护作为生活的主导目标，而弱化了个体生存的多样性体验，使个体无法充分地向着周遭世界开放，逐渐形成抑制性的身心状态。正因为如此，安全感匮乏的孩子容易在补偿性心态下形成暴虐、怯弱、飞扬跋扈的个性，甚至以对自己更弱小者的暴虐来证明自己的力量，获得自我存在的安全感，或者在寻求更强者保护的过程中形成依赖他人、怯弱、害怕竞争等性格特征。

2. 使孩子变得自卑

对于三岁以下的孩子来说，外面的世界是陌生的。缺少父母的陪伴，可能会让孩子变得胆怯，学习能力也会跟着下降。并且，看到别的孩子都有父母陪伴，自己却没有，会让孩子的内心产生巨大的失落感，变得不愿意表现自己、孤僻内向、不愿与人交流。更何况三岁以下的孩子对外界是非常敏感的，缺少父母陪伴的孩子会觉得自己没有人爱，从而变得自卑。总之，低数量、低质量的陪伴会让孩子变得自卑、多疑，难以建立自信心，难以和老师、同学甚至父母建立起亲密的信任关系。

3. 使孩子性格跋扈

很多父母由于工作忙，所以把孩子交给老人照顾。而老人对孙子辈往往过分溺爱，孩子要什么就满足什么，做错事了也舍不得惩罚。孩子就会认为:“是不是我做什么都可以啊？！”由此变得无法无天。长此以往，孩子就会变得飞扬跋扈、自私自利，这对其以后的性格发展和人际交往会产生不利影响。

4. 缺乏担当和责任感

很多时候，孩子像是家庭的一面镜子，父母的一切言行都有可能被孩子模仿。孩子的好奇心和模仿能力很强，如果他们眼中的父母天天很忙，很少陪伴自己，久而久之，孩子就会缺乏家庭观念。

5. 不利于对孩子进行教育

如果孩子在幼时缺少父母的陪伴，易导致孩子成长过程中漠视父母的教育，因为父母和孩子之间没有建立起牢固的情感依赖关系。

三、父母如何高质量地陪伴孩子

第一，父母要尽可能拿出更多的时间陪伴孩子。

陪伴最大的作用，就是让孩子感受到爱，树立起自信心。父母和孩子的互动，是影响孩子行为的一个关键因素。心理学研究表明，个体在家庭生活中获得足够的安全感，可以使个体在社会交往中更有安全感。父母的陪伴不仅仅是为了满足孩子的情感需求，更是一种爱的表达。因此，高质量的陪伴不仅仅是时间上的投入，更应是情感上的交流。当父母陪伴孩子时，要用心倾听孩子的声音，理解他们的需求和困惑，用温暖和鼓励回应他们。这种深层次的情感交流，能够让孩子感受到家的温暖，感受到安全和尊重，从而培养他们的安全感和自信心。

美国的一个教育研究机构曾经就“哪些因素促使孩子在学习能力测试中得高分”这一问题做过调研，调查结果显示：影响孩子学习能力的并不是智商、社会条件、经济地位，这些实际上都不及一个更微妙的因素重要，那就是，经常与父母一起吃晚饭。这一结论或许还需要更多调研数据的支持，但它至少说明了父母的陪伴在孩子成长路上的重要性。这也和美国前总统奥巴马的教育理念如出一辙。奥巴马曾经在公开场合说：“我不会做一辈子的总统，但我一辈子都要做一位好父亲。”

我一直从事小学教育，有时为备课晚上需要加班，但即便如此，我也得先回家陪孩子吃完饭再去加班，晚上九点半前一定赶回家。我希望让孩子感觉到妈妈回来了，睡觉也踏实、安全。如果因为特殊原因经常不在家，也要创造条件陪伴孩子，比如，常跟孩子通电话、视频聊天、写信或者寄一些礼物。女儿在美国读高中的时候，几乎每天都与我视频聊天，分享生活、学习中的点滴，或笑或哭。总之要让孩子感受到父母的存在，知道父母时时刻刻都在爱着她。

第二，在陪伴孩子的过程中，父母要时时处处发挥榜样作用。父母的言行举止会对孩子产生深远的影响。高质量的陪伴不仅仅是陪在孩子身边，更是通过行动来引导、影响孩子。如果父母天天玩手机，却教育孩子要好好学习，恐怕难以奏效。因此，父母在日常生活中应该展示出正确的价值观和良好的行为习惯，让孩子在观察和模仿中受益。

第三，和孩子共读书，营造良好的阅读环境。良好的阅读习惯将影响孩子终生。阅读是获取知识、开阔视野的重要途径。父母要放下电脑和手机，陪孩子进行亲子阅读，让他们慢慢养成阅读的好习惯。有条件的父母可以在家中设置专门的阅读区，提供丰富多样的图书资源，让孩子在书海中畅游。同时，父母可以定期与孩子分享阅读心得，与孩子深入讨论和思考书中的内容，培养他们的阅读兴趣和思维能力。

第四，多和孩子一起玩。父母可以在亲子游戏中发现并培养孩子的兴趣爱好，如玩乐高、绘画、练毛笔字、做手工等，让孩子在游戏和娱乐中获得成长和进步。父母要了解孩子的特长和爱好，支持他们去探索和实践，让他们在自己的兴趣领域中自由成长。这种高质量的陪伴，不仅能激发孩子的创造力和潜能，也能培养他们的内驱力，从而使他们在未来的生活中更加自信和独立。

第五，多和孩子一起做家务。和孩子共同做家务，让孩子参与家务活动，既可以锻炼他们的动手能力和协作精神，又能增强孩子对家庭的责任感和归属感。

需要特别注意的是，爷爷奶奶、姥姥姥爷永远无法替代父母的陪伴。在现代社会，老人帮着照料孙辈的现象非常普遍。殊不知，孩子在生理、心理发展的关键期，需要与父母共同面对，这是父母之外的人无法替代的。

总之，父母高质量的陪伴，可以让孩子感受到父母深深的爱与支持，不仅有助于孩子的情感发展和自信心建立，还能为他们的未来奠定坚实基础。让我们共同努力，为孩子们创造一个充满爱与温暖的成长环境吧！

温暖有爱的家庭才能培养出优秀的孩子

家庭是孩子生活的主要场所，父母要有意识地创造良好的生活环境，使孩子受到感染和熏陶。为此，父母要组织好家庭生活，建立井井有条的生活秩序，处理好成员之间的关系，形成团结和睦的家庭气氛。

一、家庭气氛对孩子成长的影响

家庭气氛影响着孩子人格的形成。在宁静愉快的家庭气氛中长大的孩子与在气氛紧张、关系冲突家庭中长大的孩子在人格上有很大的不同。一个家庭，夫妻之间相亲相爱，兄弟姐妹之间互敬互爱，容易使孩子形成谦虚、礼貌、随和、诚恳、乐观、大方等良好的人格特征。反之，父母之间、兄弟姐妹之间经常打骂争吵，往往会使孩子形成粗暴、蛮横、孤僻、冷酷等不良人格特征。

1. 影响孩子的性格

懦弱胆怯的父母培养的孩子往往也是懦弱胆怯的，暴躁易怒的父母培养的孩子往往是脾气暴躁的，而一个积极乐观的孩子，他的家庭往往是和睦的。因为家庭的氛围、父母的处世方式，会对孩子的性格产生潜移默化的影响。

2. 影响孩子对婚姻的看法

恐婚人群为什么存在？仅仅是他们自身出了问题吗？当然不是的。一个普遍的原因是他们没有从自己的原生家庭中感受到婚姻的幸福，因为从小看惯了父母争吵打闹，所以对他们而言，婚姻就是让家庭不幸福的源头。而在和睦的家庭中成长的孩子，他们不仅会勇敢地选择“另一半”，而且还会把自己的父母作为另一半的标准。

二、家庭教养方式与孩子个性的关联

家庭教养方式与孩子的个性发展有着直接的关系，不同的教养方式会形成不同的个性。

1. 溺爱型教养方式

为了孩子的健康成长，父母要给予孩子足够的爱，但爱不能泛滥，更不能没有底线，因为“溺爱不是爱，溺爱是伤害”。一直被溺爱的孩子，将来会是什么样的呢？他们往往只懂得获得爱，却不懂得如何付出爱，不能明辨是非，甚至会变得任性、自私。

2. 专制型教养方式

一般来说，专制型父母要求孩子必须服从自己，一切听从父母的安排，孩子没有多少自由。专制型父母对孩子的理解、给予孩子的温暖极少，但批评乃至挖苦很多，与孩子之间的关系是管与被管。这种类型的父母常常认为孩子“不打不成器”。殊不知，如果孩子长期受父母的高压影响，就容易形成懦弱、自私、以自我为中心、没有主见、不能明辨是非等个性特点。

3. 民主型教养方式

民主型的父母会给孩子相对自主的权利，满足孩子提出的合理要求，对待孩子既有约束，又有鼓励。同时，家庭成员之间相互尊重，能够进行平等的交流。在这种教养方式下长大的孩子，一般会具备自尊、自信以及自律等良好的个性特征。我有意给孩子营造温馨和谐的家庭环境。坦诚地讲，我有时也会跟孩子爸爸吵架，但基本是在晚上女儿睡了觉以后。因为我深知，一个友爱、和谐的家庭与一个关系紧张的家庭对孩子成长的影响差异是很大的，父母关系好，亲人之间互相关心，懂得谦让，遇事彼此商量，互相包容，能让孩子形成正确的家庭观和人生观。

三、和谐家庭更有可能培养出优秀孩子

家庭氛围，即因家庭成员之间的互动而形成的人际关系和心理氛围，以及家庭成员的道德观念和价值取向，也被称为家庭精神环境。

和谐的家庭精神环境，对孩子良好个性的形成有着十分重要的影响。孩子处在和谐的家庭精神环境中，才会感到自由、快乐、温暖、幸福，从而形成良好的个性。

——他们往往脾气温和。模仿是孩子的本性，父母如果说话和气，孩子也会以温柔的方式和别人沟通；假如父母经常大声吼叫、吵架，那么孩子在与同学甚至与老师沟通交流时往往也会大喊大叫。

——他们往往有着良好的自我控制能力。孩子做事一般有自己的理由，渴望被了解，当父母给予理解、肯定时，孩子就会更愿意向父母吐露内心的想法，这样父母就能及时地、足够地了解有关信息，从而更好地引导孩子走上正确的道路。久而久之，孩子就会逐渐形成自我控制能力。

——他们往往有着活跃的思维。父母和睦相处、对孩子爱护有加，孩子的注意力会更加集中，思维也会更加活跃。

——他们往往有着较强的记忆力。孩子的情感体验对记忆发展有重大影响。譬如，家庭不和睦，孩子往往处于消极情绪中，其注意力会被父母的一言一语所牵引。而家庭和谐，子女睡眠充足，情绪稳定，营养全面，压力小，注意力集中，其记忆力就相对较强。

四、如何营造和谐的家庭环境

1. 营造和睦、民主的家庭气氛

良好的家庭气氛是孩子健康成长不可或缺的条件。父母之间应该互相尊重、关心、体贴、爱护，共同关注孩子的成长；父母和孩子之间应建立一种民主、平等的关系，父母尊重、信任孩子，不随便斥责、打骂孩子，以平等、民主的方式对待孩子，少些“父母独裁”的做法。当然，强调家庭气氛和睦、民主，并不等同于不严格要求孩子。孩子应尊敬长辈、孝敬父母，共同增进亲子间的理解及爱护。

2. 倡导文明健康的生活情趣

父母要自觉地追求文明、健康的生活情趣，如关注时事、热爱科学、爱好文学和艺术、参与体育活动、重视文化修养、语言文明，避免腐朽、庸俗的东西在家庭里出现，更要预防违法行为的发生。父母要善于诱导，培养孩子明辨是非的能力，增强其社会“免疫力”。

3. 培植温馨有爱的亲情

有爱的家庭环境会在很多方面影响孩子对爱的理解和感受。因此，父母之间要学会“爱情保鲜”，给孩子提供更有效的示范。如果夫妻关系和睦、恩恩爱爱，家庭气氛就会非常和谐。在这样的环境中成长的孩子，一般会形成积极向上的性格，也会拥有积极的婚恋观。父母对待孩子要充满爱意，感受到爱的孩子也会懂得如何去爱别人。

4. 创设整洁舒适的空间环境

家是孩子生活与学习的地方，温馨整洁的环境布置与陈设，将为孩子的身心发展提供有利条件，取得良好的教育效果。环境整洁，用品整齐，会让孩子感到舒适愉快，有利于专注学习。

鼓励是培养天才的催化剂

家庭教育中的鼓励对于孩子的成长和发展至关重要。积极的鼓励可以帮助孩子树立自信心，激发他们的积极性和动力，培养他们的探索精神和创造力。

一、赏识教育——好孩子是夸出来的

什么是赏识教育？简单地说，就是尽量发现孩子的优点，根据孩子的心理，表扬这些优点，放大这些优点。打个比方，就一块玻璃而言，我们要是把它的干净处的面积扩大，它的脏污处自然就会减少。如果我们继续扩大，最后干净处的面积肯定会大于脏污处——这就是赏识教育的原理。这里分享几个故事。

爱迪生的妈妈在爱迪生小时候就发现他有很强的好奇心和求知欲。当爱迪生在学校表现不佳，被老师认为是一个低能儿童时，妈妈毅然决定把儿子带回家，自己来教他。在回家的路上，爱迪生问妈妈："老师说了什么？"妈妈回应道："老师夸你很棒，说学校老师已经教不了你了，让我来教你，以后我们在家里学习。"在妈妈的教育下，爱迪生最后成为伟大的发明家。我每次读到这个故事时，都感动于妈妈那句"美丽的谎言"，保护了爱迪生的求知欲；感动于妈妈无畏的勇气，毅然决然地决定自己来教爱迪生，并一直坚持下去；感动于妈妈的信任，相信爱迪生的智力没有问题，爱迪生的"问题"只是因为他爱思考、好奇心强、求知欲旺盛。

周弘是我国著名的教育专家，他的女儿婷婷原本是个双耳全聋的残疾人。但是周弘用二十余年的时间，不断鼓励女儿，让婷婷觉得自己并不比别人差，反而比其他的孩子优秀很多。最终，婷婷成为留美博士。

周弘提出的赏识教育，不仅使自己的孩子受益，而且改变了千千万万家庭的命运。周弘指出，赏识教育的奥秘是让孩子觉醒。他认为，从生命科学的角度看，每一个孩子都拥有巨大的潜能，但孩子刚出生时都很弱小，好像生活在一个巨人的世界里。他们在成长过程中难免会产生自卑情结。这时就需要赏识教育，让孩子知道父母对他的认可和关注，这样可以快速抚平孩子心中自卑的痛点，让孩子觉得自己比其他的孩子有优越感，促使其心理健康发展。

应特别注意的是，在孩子的成长过程中，赞美所占的比例一定要大于批评。心理学家做过这样的实验：有两组男孩，先让他们一起参加长跑消耗体能，然后一组接受严厉的批评，另一组得到热烈的称赞，随之再进行体能检测发现，被批评的那组孩子无精打采，体能处于崩溃状态，而被表扬的那组孩子精力旺盛，体能得到迅速恢复，人人充满自信。

二、家庭教育中鼓励的重要性

1. 有利于好习惯的养成

在孩子努力去做某一件事情或者维持某个好习惯的时候，父母表扬、夸赞孩子，就是鼓励教育。这种鼓励会使孩子更加肯定自己的做法从而养成良好的行为习惯。

2. 有利于自我价值感的增强

父母的鼓励不仅会让孩子感到快乐，更会让他觉得自己是被父母喜爱的，从而增强自我价值感。父母给予孩子的鼓励越多，孩子就会成长得越好。

3. 有利于自信心的树立

自信心对每个人来说都不可或缺，不管是在学习、工作还是在生活中，没有自信心的人，就如同空有躯壳却没有支撑。每个孩子都有无穷的潜力，但是如果始终得不到别人认可的话，那他们的潜力就会被埋没，很难得到发挥，甚至会让他们陷入自我否定之中。如果父母能够多鼓励孩子的话，孩子就能从中得到信心，慢慢地激发自身的潜能，去实现自己的目标。孩子在成长过程中会面临各种各样的挑战和困难，他们需要自信心来应对和克服。父母的鼓励和认可是孩子建立自信心的关键。当孩子在学习、运动、艺术等方面取得成绩时，父母可以给予积极的反馈和赞扬，让孩子感受到自己的价值和能力。在孩子面对失败和挫折时，父母也要给予理解和鼓励，帮助他们从中吸取教训，重新振作起来。通过获得持续的鼓励，孩子就会逐渐成为自信和乐观的人。

4. 能够激发积极性和动力

每个孩子都需要一种内在的动力来推动自己成长和发展。父母可以通过鼓励来激发孩子的动力和兴趣。为此，父母可以与孩子共同制定目标，并提供适当的支持和指导，让孩子感受到学习的乐趣和成就感。同时，父母还可以鼓励孩子积极参与社交活动、体育锻炼、志愿者工作等，促进他们的全面发展，尤其是促进孩子社会责任感的形成。

5. 能够促进探索精神和创造力的培养

孩子的好奇心和求知欲是他们成长与发展的动力。父母可以通过鼓励孩子探索新事物、尝试新经历，激发他们的创造力和想象力；也可以通过鼓励孩子提出问题、思考和探索解决问题的方法，培养他们良好的探索精神和解决问题的能力。

6. 有利于良好家庭氛围和亲子关系的形成

当父母以鼓励为基调与孩子互动时，他们传递给孩子的信息是：你被接纳和支持,你的努力和成就受到重视和认可。这种积极的家庭氛围有助于孩子形成安全感和归属感,增强与父母之间的信任和沟通。孩子也会更愿意与父母分享内心的感受和需求,有利于亲子之间更深层次的理解。

三、如何对孩子进行鼓励教育

1. 运用有效的方法

鼓励有很多方法,譬如细节式鼓励、好奇式鼓励。

在鼓励孩子时,不少父母过度重视“大局”,以致忽略了许多细节。孩子做完作业后,把书桌收拾干净;同学来做客时,孩子主动拿出自己心爱的玩具;平时吃饭时,主动使用公筷……这些都是要加以鼓励的生活小细节。

还有,鼓励孩子,不仅仅是为了让孩子感受到被认可,更是为了激发孩子对世界的好奇心。好奇心能够让孩子认识世界、理解世界、改变世界。那些对事物丧失好奇心的孩子,往往是因为其从小受到了父母的冷漠对待。

再者,父母要善用“积极的肯定”话语,譬如“我相信你能做到”,而不是“我希望你能做到”——前者给孩子坚持下去的信心;后者会让孩子怀疑自己的能力,在遇到困难时容易半途而废。

2. 避免几个误区

第一,避免双重标准。父母对孩子提出的所有要求,自己应该先做到。

第二,避免代替干预。我们经常看到有的父母对孩子的事包办代替,让孩子“坐享其成”。其实,孩子正是在不断解决问题的过程中成长起来的。父母可以在孩子发出请求时,给予引导和协助,而非包办代替,这样既能让孩子体验到解决问题的快乐,还能逐渐提高其自信心。

第三,“鼓励进步”比“关注成就”更重要,成长比成功更重要。父母关注并肯定孩子在实现目标过程中所取得的进步,会帮助孩子培养接受挑战的勇气,掌握克服困难的方法,提高应对挫折的能力。

第四,需要特别注意的是,鼓励并不是盲目的肯定和夸奖。父母需要给予孩子真实和适度的鼓励,既不过分夸大孩子的成绩,也不忽视孩子的努力。鼓励应该基于事实和真实的表现,让孩子明白努力和付出的价值,而不仅仅是为了得到赞美和奖励。同时,父母也应该提供具体的反馈和指导,帮助孩子不断提升自己、发展潜力。

总之，在家庭教育中，鼓励是一种宝贵的、有效的教育方式。它可以塑造孩子积极向上的性格，激发孩子的潜力和创造力，帮助孩子建立牢固的自信心。通过鼓励，父母可以为孩子创造温暖的支持性环境，让他们在快乐中茁壮成长，并勇于追求自己的梦想和目标。让我们珍视鼓励的力量，用爱和鼓励来引导孩子，助力他们健康、快乐地成长吧！

第二章
规则教育是孩子成长的必修课

有爱有规则（即规矩），孩子的成长才更有动力，也更稳健。

爱和规则是一个健康家庭必备的要素，李开复先生说：“虽然我相信启发式教育的优越性，但我同时也相信严格管教的必要，孩子们的成长既需要启发，也需要纪律和规矩。”

给孩子定规则，是更爱孩子的表现。如果父母给予孩子充足的爱和理性的教育，孩子就会渐渐（甚至独自）适应社会，承受挫折的能力也会大大增强。因此，规则是孩子在社会化过程中必学的内容。但让孩子认识到规则的重要性并不轻松，因为很容易让孩子感觉受到了限制。

我们要让孩子明白：在社会中行走，总会受到各种各样的规则的束缚，但正是因为这样那样的规则才有了这个安定祥和的社会。同样，人要想有稳定而美满的未来，也离不开规则。而遵守规则的意识应当从小树立，这样才能快速适应社会。没有规则的约束，孩子就无法全面健康成长。当孩子能够逐渐理解规则的重要性，并且对规则产生认同感时，他就会自觉地去遵守规则。有了规则，孩子才能变得自律。

孩子的成长离不开父母的教育，而规则教育也是家庭教育中必不可少的一部分。所以，作为父母，我们要正确引导孩子遵守规则，让孩子拥有更加美好的未来。

“不以规矩，不能成方圆”

规则养成可理解为个体将科学的规范和法则内化到认知结构中，并做出合理行为的过程。规则养成有利于个人生活有条不紊地进行，也是社会和谐可持续发展的重要保障。正如莱蒙特所言,“世界上的一切都必须按照一定的规矩秩序各就各位”。遵守规则,是孩子成长的必修课。没有规则的约束,孩子就不能在社会上生活;没有规则的约束,孩子就不会约束自己;没有规则的约束,孩子就不懂得尊重他人、遵守社会公德。也正是因为有了规则,才让我们的生活井然有序,才会有良好的人际关系。

一、规则与规则意识

遵守规则是人类在社会中生存和发展的基本要求。有的规则是法律法规明文规定的,有的规则则是人们在长期的生活生产实践中约定俗成的。明文规定的规则当然是人们必须遵循的,如果不遵守会受到法律的制裁,如不能偷东西、不能打架斗殴等。这些明文规定,父母要提前教给孩子,让他们尽早有遵守规则的意识。还有的规则是约定俗成的,也就是那些尽管没有被法律明确规定,但人们也必须遵守,否则就会受到道德谴责的“规矩”,比如,在超市购物时需要排队,在公园里不能乱扔垃圾,在公交车上要给老弱病残让座等,这些约定俗成的“规矩”,父母也要让孩子尽早明白,否则孩子很难融入社会。

通俗地讲,规则是我们在日常生活、工作、学习中需要遵守的规章准则。对于成人来说,对规则的遵守是一种自觉的行为,而对于孩子来说,遵守规则就需要良好的教育和指导。首要的是让孩子尽早树立规则意识。什么是规则意识?规则意识就是指发自内心的、以规则为行动准绳的意识。规则意识的形成对于孩子的健康成长至关重要。父母应该让孩子明白规则就是界限,它界定着什么事情可以做,什么事情不可以做;让孩子明白规则存在于家庭、社会、学校中,存在于生活的点滴之中;让孩子意识到每个人都要为自己的行为负责,只有按照规则行事才能让自己和他人的生活都更加便利。

孩子规则意识的形成,是一个由他律到自律的过程,是其逐步对规则予以认同、接纳并最终内化的结果。这里要特别强调一下“自律”——如果规则没有完成内化式的自律,孩子总是被强迫、被命令,那规则意识实质上并没有真正形成。

二、遵守规则的意义

首先,遵守规则能让孩子树立起界限感。孩子出生时好比“一张白纸”,不知道是非对错,所以很容易做错事情。这个时候就需要父母给孩子立规矩,让孩子有界限感——知道什么能做,什么不能做,才能在以后的生活中对自己的行为不断进行自我纠正,最终建立正确的是非观。

其次，遵守规则能让孩子更加自律。不遵守规则的孩子往往不懂得严格要求自己，常常随心所欲。建立规则不代表对孩子进行压制，限制他们的自由和选择的权利。相反，清晰可操作的规则能帮助孩子养成自律的性格。

再次，遵守规则能帮助孩子建立良好的行为准则。在日常生活中，孩子要进行一系列的行为选择，而规则为孩子规定了正确的方向和标准。例如，在课堂上，老师要求孩子不得随意大声喧哗，这一规则不仅能够帮助孩子更好地集中注意力，还能够提高孩子的自我管理能力，让孩子更好地适应集体学习生活。规则能够帮助孩子避免不良行为，而未建立起规则意识的孩子，往往会在不经意间对社会产生负面影响。例如，如果孩子在公共场合乱扔垃圾、大声喧哗等，就会影响他人的正常生活，造成不必要的麻烦。父母尤其要注重孩子在童年时期规则意识的培养，如早睡早起，玩完玩具自己收拾好，饭前洗手。一些规则比较简单，容易达成，能帮助孩子尽早地建立良好的生活习惯，避免做事无序和懒惰。需要特别提及的是安全规则。安全规则包括多种，如交通规则、潜在的风险回避规则。这些规则可以确保孩子对生活环境中的危险有所警惕，可以帮助其远离危险。

最后，遵守规则可帮助孩子适应社会。社会规则是社会生活的基本准则，遵守社会规则是每个人的基本义务。通过规则教育，孩子能够更好地适应社会生活，建立起健康积极的人生观和价值观，避免受到不良行为的影响，在成长过程中逐渐形成独立、自信、重视集体的性格，在社会环境中更好地学习、交往、合作。

需要特别注意的是，规则给人一定的约束，但绝不是限制自由。事实是，有规则才能自由。因为，有规则的环境并不意味着缺乏自由，恰恰相反，它是保证自由和权利的前提。在没有规则的社会中，生命、财产和尊严都难以得到保障。只有人人都遵守规则，才能在秩序良好的环境中享受更多的自由和权利。

三、教育孩子遵守规则

1. 孩子规则意识缺失的原因

（1）规则意识薄弱。孩子因为年龄小等原因导致规则意识薄弱，所以经常做出这样那样的违规行为。造成这一问题的原因：第一，老师或父母没有为孩子确立正确的规则，孩子不知道哪些行为是允许的，哪些行为是错的，导致他们对规则认识模糊。第二，尽管有不少老师或父母已经给孩子确立了规则，但是老师或父母自己并没有很好地执行这些规则，从而让孩子没有正确认识规则，不知道是不是应该遵守规则，从而让规则的约束作用失效。第三，不少老师和父母没有持之以恒地反复强调和教育孩子要遵守规则，所以孩子在生活中有时执行规则，有时没有执行规则，这就失去了规则本身的意义。

（2）不懂得正确选择模仿对象，错误学习。孩子喜欢模仿，这是他们的天性，但是由于年龄和经验的限制，孩子的心智发育不全，并不能止确选择模仿的对象。他们模仿的对象除了父母、老师和同学、玩伴外，还有可能是网络、电视、图画书、童话故事中的虚拟人物等。但是这里面也会有很多不良的反面模仿对象。如果孩子的反面行为没有得到及时提醒和制止，他们就会认为可以模仿该行为，从而导致他们形成不良的行为习惯。另外，假如孩子出现了违规行为，而老师或父母回应不当的话，就会导致他们负面行为的强化。比如，有的孩子在家中大吵大闹，为的是吸引父母的注意力，假如父母此时以妥协的方式回应孩子的需求，就会让孩子认为只要自己大吵大闹，父母就会注意他们，从而不利于他们形成正确的规则意识。

（3）没有及时肯定孩子好的规则意识。随着父母和学校对孩子的规则意识进行教育，孩子会逐步树立一定的规则意识。但是，如果老师或父母没有发现他们好的规则行为并对其予以积极肯定，就会让孩子错误地认为该行为是不被认可、支持的。这样孩子就会渐渐放弃好的规则行为，令之前建立的规则意识功亏一篑。

2. 让孩子亲自体验规则的重要性

在现实生活中，很多人不愿意遵守规则，因为遵守规则就意味着循规蹈矩，需要付出更多的努力，不少孩子也是如此。但是与大人不同的是，孩子不遵守规则更多的是因为他们不知道规则的重要性，所以父母要明确告诉孩子为什么要遵守规则以及如何遵守规则。

孩子可能在是否要遵守规则方面有很多想法和感受：“我为什么要遵守规则呢？”“如果我不遵守会被惩罚吗？”“我不刷牙爸妈会不开心吧？”“我刷牙了妈妈会很高兴吗？”“我遵守这个规则对我来说有什么好处？”孩子产生的关于规则的矛盾思想和情绪反应，都会影响他们的规则内化以及规则意识的形成，这就需要父母给予正确引导。

孩子由于生活知识和经验水平有限，往往不能分辨什么行为是对的，什么行为是错误的，更不能理解什么样的规则可以给大家带来好处。其实孩子的规则意识完全可以在鲜活生动的游戏和生活中，通过切身的体验发展起来。父母可利用模拟情景、游戏以及日常生活中的具体事例，让孩子认识到规则的重要性，帮助孩子建立规则意识。

总之，在这个社会中，什么领域、什么事情都有规则，“不以规矩，不能成方圆”。很多人不能正面认识规则，总想追求自由，其实，人的自由都是相对的，是在一定框架下的自由。应让孩子从小树立规则意识，遵守规则，只有这样孩子才能真正实现自由。

3. 言传身教，树立榜样

家庭规则制定好以后，要督促孩子执行。最好的方法就是父母言传身教，用自己的一言一行、一举一动为孩子做出表率，也就是以身作则，展示出对规则的尊重和遵守，为孩子树立正面的榜样。榜样引导共同成长。英国著名教育思想家洛克曾指出，在各种教育方法中，榜样是“最简明、最容易和最有效的办法”。这是因为，很多时候，父母的一举一动、一言一行会潜移默化地印在孩子的脑海里。要想让孩子成为什么样的人，父母首先要成为什么样的人。孩子出生后，在他的人格塑造期接触最多的人就是自己的父母。父母的言谈举止成为构建孩子人格与价值观的重要基石。

制定规则是爱孩子的另一种形式

孩子从小建立规则意识非常重要，因此父母在制定规则时应注意以下几点。

一、制定规则的原则

1. 严肃性

给孩子立规矩是一件非常严肃的事情。在制定规则时，父母应“冷静情绪，整理思路，明确规则”，不要带着情绪与孩子沟通，更不要草率地制定规则，因为不合理的规则既会损害父母的威严感，也不利于执行。

父母还要注意，制定规则时一定要向孩子讲清不遵守规则的后果，这种后果最好是跟孩子的切身利益相关的。比如起床问题，可以告诉孩子：“妈妈要先送你上学，再赶去上班。如果因为你磨蹭而让妈妈上班迟到，单位就会扣工资，那这个月你的零花钱就要减少或者被扣。”如果真的发生了这样的事情，父母和孩子就要坚决做到，赏罚分明。

2. 科学性

父母制定规则要合情合理，根据孩子的实际情况，符合孩子的年龄、个性及身心发展特点。比如，孩子才一岁，如果这时就要求他自己收拾玩具，他显然无法完成。这时父母不妨跟孩子说，“帮妈妈把玩具放到盒子里来”，这一指令是孩子能够理解并完成的。再比如，孩子性格内向、怕生，父母却强硬地要求孩子每次见到外人必须打招呼，这种所谓的“规矩”也是不合情理的。对于这种情况，父母应给予孩子更多耐心的鼓励和引导，而不是强硬的逼迫。

还有，父母制定规则时最好让孩子参与进来，一起协商，有利于减少孩子的抵触情绪，也在一定程度上保护了他的自尊心。

当然，父母还需告诉孩子为什么要制定规则，让孩子懂得制定规则的目的是更好地帮助他成长，而不是压制他，更不是羞辱他。尽管在某些情况下，规则必须强制遵守，如涉及孩子安全与健康的问题——马路上不可以乱跑、坐车要系安全带、每天早晚要刷牙，再如涉及公共规则的问题——不可以高空抛物、不可以随便拿别人的东西。

3. 可操作性

父母在为孩子制定规则时，除了内容明确之外，一定要注意规则应有可操作性。这是因为，孩子对一些事情的理解更倾向于形象化思维，为减少沟通中的误解，规则的内容一定要清晰明了，最好有执行步骤。举例来讲，如果父母想给孩子制定关于玩具收纳的规则，就要明确告诉孩子，什么玩具收在哪个位置，怎么收。父母完全可以与孩子一起画出或者写出玩具收纳的细则、步骤，贴在墙上，时刻提醒孩子。

4. 配合性

现实生活中，不少父母在角色分配时遵循“男主外、女主内”的原则。母亲可能会给孩子制定形形色色的规则并严格要求，但父亲常常“缺席”，对孩子规则意识的养成关注较少，甚至认为母亲给孩子制定的规则皆为琐碎小事，无须重视。如此这般，父亲对规则教育的忽视，容易导致孩子在父亲面前“肆无忌惮”地违反规则。久而久之，就难免造成孩子规则养成的混乱局面。另外，在现代“四二一”家庭模式中，由于参与带娃的家庭成员越来越多，很容易出现育儿理念的分歧。如果立下了规则，部分家庭成员却因为宠溺孩子而破坏规则，那势必会影响孩子对规则的执行，也会影响规则在孩子心中的威信。因此，在制定规则时，要确保所有家庭成员都知晓，并能对制定的规则严格遵守，这样才能保证孩子养成正确的规则意识。

二、制定规则的禁忌

1. 时间过早

孩子的认知和行为能力的发展是一个循序渐进的过程，针对孩子制定的规则应该在他们的能力范围之内，即父母不能忽视孩子身心发展阶段的限制，不宜过早制定规则。有的父母在孩子很小的时候就给孩子立规矩，殊不知，两岁之前，孩子的认知模式还没有发展起来，无法形成规则的概念。对于这个年龄段的孩子的一些不良行为，父母可以用一些有趣的事情来分散他们的注意力。

2. 条目过多

有的父母特别爱制定规则，事无巨细。这样会给孩子造成极大的心理负担，使其做任何事都如履薄冰。而当他们无法一一遵守时，就会想方设法隐瞒错误。其实，规则教育是要循序渐进的，应慢慢来，让孩子逐渐熟悉。

3. 执行不力

规则是否发挥作用，取决于两个方面：一是规则是否被严格执行，二是父母是否也遵守规则。如果父母没有严格按规则奖惩，孩子自然不把它当回事。如果父母带头打破规则，那么孩子也会觉得规则是没有意义的，或者认为规则只针对自己，进而产生逆反心理。

三、制定规则的策略

1. 端正态度

父母要让孩子明白只有每一个人都严格遵守规则，世界才能有条不紊地运行。

2. 提高能力

对于孩子而言，他们所能做的遵守规则的事恐怕就是按照大人的要求做事情，如自行叠好小被子、按时吃饭、及时上厕所。但是有的孩子并不能高效地完成这些事，因为他们不会叠被子、吃饭不上心、不敢自己一个人上厕所。所以，针对孩子的这些不足，父母要帮助孩子提高能力，让孩子具备遵守规则的条件。在提高能力这一点上，父母还应特别注意帮助孩子形成自律品质，因为孩子不遵守规则常常是因为他们无法很好地控制自己的行为，所以，父母要让孩子具有自己约束自己的能力。譬如，对于自己应该做的事情，一刻也不能拖延；对于自己不能做的事情，即使有再大的诱惑力也不能去做。如果孩子长期坚持下去，他们就能逐渐控制自己的行为，让自己按照规则行事。

3. 严格执行

父母应格外重视规则的“落地”，也就是要保质保量地执行规则。当然，父母大可不必为此“大动肝火”，“温柔而坚定”就好。“温柔”意味着情绪的控制、表达方式的温和以及耐心等待孩子成长的无条件的爱；“坚定”则代表规矩的严格、态度的严肃以及陪伴孩子成长的决心。“温柔而坚定”是一项非常重要的策略。因为如果父母执行规则时态度过于强硬，会引起孩子的情绪对抗，导致孩子不愿意执行规则。而“温柔而坚定”的态度可以避免此类情况发生。父母以温柔的态度表示对孩子的尊重，孩子也会把父母当成知心的、可以倾诉的朋友，从而更愿意接受父母制定的规则；而坚定的态度则表明了父母的立场不可动摇。执行规则的重点是父母如何用具体、直观的办法让孩子理解、接受规则，并让他们在思考中认同和执行规则。对于孩子而言，当规则从一种行为规范转变为自身素质时，其就不再是强制性的行为约束，而成为一种自由。

4. 奖惩分明

当孩子严格遵守规则时，父母要给予其相应的奖励，鼓励他们继续坚持；如果孩子没有严格按照规则去做，父母应让孩子接受适当的惩罚，使孩子明白规则不是游戏，只要制定了就必须遵守，如果不遵守就要为自己的行为付出代价。

规则教育有助于形成孩子的自我约束力

从心理学的角度讲，给予孩子没有框架的自由，孩子是很容易迷失的。规则不仅对孩子起着约束作用，更容易让孩子得到安全感。所以，父母一定要培养孩子的规则意识，让孩子变得更加自律，这也恰恰是对他们最好的保护。

一、奥巴马的家规及其启示

美国前总统奥巴马的两个孩子都非常优秀。大女儿玛莉娅就读于著名的哈佛大学，小女儿萨沙就读于密歇根大学。这得益于优良的家庭教育。奥巴马教育孩子立下的九条家规，值得每一位父母借鉴。

第一条　避免抱怨、争吵或取笑。抱怨、争吵或取笑会令他人陷于尴尬的境地。为避免引起身边人的不适，应尽量避免用这三种方式来解决问题。

第二条　一定要整理床铺，不能只是看上去整洁而已。坚持每日整理自己的床铺是自律的一种表现，整理床铺能够很好地锻炼孩子的自理能力。

第三条　自己的事情自己做。俗话说，自己的事情自己做。只有让孩子尝试自己解决问题，才能慢慢形成独立的健康人格。

第四条　保持玩具房的干净。对于孩子来讲，玩具房是他的快乐小天地，他有保持玩具房干净整洁的义务。

第五条　帮父母做家务，每周可获得一美元报酬。通过帮父母做家务获得报酬的方式让孩子明白“只有付出，才能有回报”的道理。而且，孩子在帮父母做家务的过程中，能大大提高家庭参与感，有利于营造和谐友好的家庭氛围。

第六条　没有豪华的礼物和华丽的聚会。孩子的自控能力比较弱，而豪华的礼物和华丽的聚会容易让孩子迷失方向，助长攀比等不良习气。

第七条　每晚 8 点 30 分熄灯。这是为了让孩子养成良好的作息习惯。充足的睡眠能让孩子在第二天以饱满的热情生活和学习，更重要的是，能培养孩子的健康意识。

第八条　安排充实的课余生活。对于孩子来讲，他们不希望所有精力都被繁重的学业占据，高负荷的生活会让他们感到窒息。所以，课余时间孩子需要自我调节，给自己安排充实的课余活动，让身心畅快释放。

第九条　理智追星。很多孩子会把某个明星当作偶像。但要注意把控尺度，不要因为追星影响正常的生活与学习。父母要帮助孩子正确认识偶像身上的闪光点，鼓励孩子向其学习。同时，父母也要告诉孩子：偶像之所以有耀眼的成就，是因为他们心中有支撑自己前行的梦想。如果想获得成功，就要为了梦想不断努力。如果能引导孩子以科学家、艺术家等励志名人为榜样，对孩子会更有启发意义。

奥巴马的这九条家规启示我们，规则需要遵守，更需要合理，只有真正符合孩子的成长需求的规则，才称得上是“好规矩”。

奥巴马的家规还启示我们，在教育孩子的过程中，强制要求往往不是最有效的方法。相反，尊重孩子的兴趣和选择，给予他们一定的自由度，才能让孩子更愿意遵守规则。父母应采取平衡策略，既能让孩子适当放松，也能在必要时给予孩子引导,确保他们健康成长。

总之,父母教育孩子需要耐心和智慧。通过尊重孩子、倾听孩子的心声、与孩子进行良好的沟通,引导孩子遵守规则,培养他们的品格和素质。父母如果能够定期与孩子一起回顾和总结规则的“落地”情况,并根据孩子的成长情况调整规则,就能让孩子逐渐适应规则,促进孩子更好地成长和发展。

二、规则教育的误区

在日常生活中,不少家庭的规则教育带有随意性,缺乏科学性,存在诸多问题。譬如,有的父母规则意识强,重视对孩子进行规则教育,给孩子制定了很多规则,但收效甚微,孩子依旧我行我素,不按规则办事,让父母头疼不已。仔细分析发现,问题往往不在于孩子,而在于父母落后的规则教育观念和不科学的规则教育方法。举例如下。

浩浩妈妈常羡慕晨晨妈妈,因为晨晨总是很听话,而浩浩却调皮捣蛋。晨晨妈妈介绍自己的育儿经:“一定要让孩子怕你,一次把他打怕了,以后他就再也不敢了。昨天就没让晨晨吃晚饭,我说过吃饭前一定要把玩具收起来,不收就没晚饭吃,晨晨不肯收玩具,我就饿了他一顿。上次我包饺子,晨晨非要玩面粉,搞得家里到处都是,怎么说都不听。后来我气急了,就拎起他狠狠地打了几下屁股,然后罚站墙角。现在只要他犯错误,我就罚他站墙角。现在他知道我说的话就是规矩,必须绝对地服从。”

从上面这个案例可以看出规则教育的一些误区。

首先,误将家规等同于规则。不少父母把规则教育看作“家规教育”,把自己的意愿等同于规则,并视为绝对权威。这种观念并不少见,深受中国几千年封建家庭教育思想糟粕的影响。我们知道,规则具有普遍性,是供大家共同遵守、有利于维护秩序的客观规定,应该利己利他,而不是封建家长式的随心所欲。

其次,忽视孩子的天性。很多父母在规则教育中注重树立自己的权威,过度限制或控制孩子的行为,要求孩子像小大人一样循规蹈矩,希望孩子乖巧、省心、不惹麻烦。一旦孩子不遵从,他们就强迫孩子服从管教。这样的做法无视了孩子的天性。没有规则的自由是放任,但没有自由的规则是不近人情。孩子天性活泼好动、无拘无束、天真烂漫、无所畏惧,喜欢四处探索,不能很好地控制自己的情绪和行为。父母过度限制孩子,不利于他们独立自主性和创造性的发展。因此,父母对孩子的规则教育应该建立在尊重孩子天性的基础上,根据孩子的年龄特征制定相应的规则;应利用孩子的秩序感和自我意识发展的特点,充分发挥孩子在家庭规则教育中的主体性，让其做规则的主人；应充分考虑孩子的需要，让孩子参与制定规则，共同遵守和执行规则。

最后，规则教育方法不当。除了缺乏规则教育意识、规则教育观念落后外，一些父母还存在规则教育方法不当的问题。再举一个例子。

为了让亮亮养成睡前收拾玩具的习惯，亮亮妈妈可谓煞费苦心。在规则制定好后的头几天亮亮表现不错，可没几天就耍赖了。妈妈先是威胁加利诱：不收玩具，晚上不准和妈妈睡；玩具收得好，妈妈就给买更多玩具。亮亮不听，妈妈又开始轰炸式批评和说教：玩具也要回家睡觉，不然明天没力气跟你玩了，而且谁收玩具，玩具就归谁。在妈妈的坚持下，亮亮最终收拾了玩具，但第二天又照旧不收拾玩具了。聪明的妈妈又想了一招，把散落的玩具都藏进了储藏室。亮亮早上发现一些玩具不见了就问妈妈，妈妈说今天晚上好好收拾玩具，它们就会出现。晚上亮亮自觉收拾了玩具，果然那些“消失”的玩具又“变”了回来，亮亮觉得太神奇了。

从这个案例不难看出，亮亮妈妈很了解自己的孩子，也很有办法，但为什么亮亮还是不能很好地养成睡前收拾玩具的习惯呢？说到底，是教育方法欠妥当。首先，这个规则确定得太晚，亮亮睡前玩玩具且不收拾玩具已成为习惯。如果从亮亮玩玩具的第一天起，妈妈就告知这一规则并引导他及时收拾，相信亮亮会自然而然地养成习惯。一开始就建立规则，比以后纠正不良习惯要容易得多。其次，亮亮妈妈虽然让亮亮体验到了不遵守规则的后果，但没有在制定规则前向其说明为什么要制定和遵守规则。规则教育的过程是孩子内化规则的过程，他们在遵守规则、实施规则行为前，必须理解规则，将外在的规则要求内化为自我意识和需要。在孩子内化规则的过程中，父母要有足够的耐心，不要随意改变规则，要监督孩子对规则的执行情况，不要“三天打鱼，两天晒网”，也不要因一点困难就轻易妥协放弃。

三、我与孩子定下的家规

1. 遇见熟人先打招呼

《论语》有云“不学礼，无以立”，指的是不学会礼仪礼貌，就难以立身处事。孩子有礼貌，不仅体现了个人修养，也彰显了家教底蕴。现实中常见到父母越逼着孩子跟熟人打招呼，孩子越畏缩躲避，最终以“孩子不懂礼貌”的论断加深了孩子的内向。其实，培养孩子“见面问好”的礼貌习惯无须逼迫。父母若能以身作则展现真诚友善的待人态度，孩子自会在潜移默化中掌握得体的社交方式。

2. 公共场合保持适当音量

节假日父母常带孩子外出游玩，但当他人对喧闹的孩子进行提醒时，部分父母以“孩子天性活泼”为由推诿责任。须知，真正的自由需以尊重他人权利为前提。公共场所的安静权属于所有人，父母教育孩子在公共场所控制音量不仅是公德，更是孩子社会化成长的重要一课。

3. 建立亲子间的信任

“心事可与父母任意一方倾诉，绝不可深埋心底”——这条规则建立在双向信任的基础上。亲子沟通障碍往往源于单方说教，当孩子发现倾诉换来的只有训斥或敷衍时，沉默便成为自我保护的选择。父母应通过平等对话构建亲子间的双向信任。唯有父母先展现理解与包容，孩子才愿敞开心扉。

4. 坚守诚信原则

诚信是立身之本，谎言虽能暂避责罚，却会侵蚀人际关系的根基。发现孩子撒谎时，父母需探究孩子撒谎背后的动机（如恐惧惩罚或寻求关注），通过情景模拟引导其理解：真诚才是赢得信任的关键。更重要的是，父母应以身作则，证明诚信才是为人处世最基本的原则。

5. 培养时间管理能力

守时体现了个人修养与社会责任感。研究表明，儿童期形成的时间观念将影响终身。建议采用可视化工具（如计时器、日程表）帮助孩子建立时间概念，通过游戏化任务（如“准时完成闯关任务”）培养孩子的时间管理能力，让孩子明白，守时既是对自我的负责，亦是对他人的基本尊重。

6. 勇于承认错误

父母要教育孩子勇于承认错误、主动道歉。这需要勇气，也是情商培养的重要环节。当孩子犯错时，父母要有足够的耐心和理性，引导孩子认识错误并改正。

7. 珍惜食物

“一粥一饭，当思来之不易；半丝半缕，恒念物力维艰。”珍惜食物不仅体现了对劳动的尊重，还体现了感恩的心。父母应让孩子明白，珍惜食物不仅是一种教养，更是一种美德。

8. 为梦想全力以赴

有的父母要求孩子乖巧懂事，好好学习，按照父母规划的道路走。而孩子，也一直在努力扮演父母喜欢的样子，努力达成父母的期望。可父母忽略了一个事实，每个孩子都是独立的个体，不是父母的附属品。他们有自己的路要走，也有自己的梦想要完成。父母给孩子的最好的爱是，该放手的时候放手，并告诉孩子：全力以赴去做，努力过好每一天，即使前进的路再艰难也没关系，爸爸妈妈永远是你坚强的后盾。

9. 遇到危险要注意保护自己

不可否认，有时候不是我们教会孩子遵守规则就能减少不必要的冲突和伤害。父母应教育孩子警惕危险，学会自我保护。父母要告诉孩子："生命只有一次，你的平安健康才是对爸爸妈妈最好的回报。"

有人说：做父母，就是一场修行。而教育孩子，需要父母倾注一生的心血。可能父母不会陪孩子走到人生的最后，但可以引领孩子走向更好的未来。

善用奖惩塑造孩子的规则意识

制定规则之后，父母就要监督孩子遵守规则的情况。若孩子规则意识强，能很好地遵守规则，父母一定要多加鼓励和奖励，强化他们的正确行为。但是，如果孩子违反了规则，即便事情微小或并非故意，父母也不能轻易姑息，而应从小事小节抓起，严肃对待孩子不遵守规则的行为，通过公正、适度的奖惩，让孩子懂得敬畏规则、遵守规则。

一、奖惩不当的表现

奖励与惩罚均为教育手段，可助力孩子树立正确的是非观念，养成良好的行为习惯。但奖励和惩罚都需讲究技巧，若运用不当，不仅无法起到应有的作用，反而会产生负面影响。下面列举几项奖惩不当的表现，以引起重视。

1. 奖励过度

当父母过度使用奖励机制，不论孩子表现如何都频繁给予物质或精神奖励时，可能导致孩子形成“所有行为都应获得回报”的认知定式。这种教育方式不仅会降低孩子的内在驱动力，使其逐渐丧失主动学习和自我提升的积极性，转而只关注外部激励；更可能诱发“奖励依赖症”，即孩子陷入不断索取更多物质满足或精神认可的恶性循环，最终导致成就感和幸福感的持续性缺失。

2. 奖励与行为不匹配

如果奖励与孩子的行为之间缺乏明确联系，或者奖励过于泛滥，孩子可能会感到困惑，不明白为何得到奖励。如此，奖励不仅无法强化期望的行为，还可能混淆孩子的价值观。

3. 奖励过于物质化

当奖励主要侧重于物质时，孩子可能会忽视责任感、合作、诚实等内在价值。他们可能会变得只关注物质利益，而不在意是否对他人或社会有益。

4. 奖励拖延

当父母承诺给予奖励却因故未能及时兑现时，孩子可能会对父母承诺的可信度产生怀疑。这种拖延不仅会降低奖励措施的预期效果，更可能动摇孩子对规则体系的认知基础。长期积累的信任危机可能使孩子逐渐形成对承诺的消极态度，这种认知偏差不仅限于亲子关系，还可能泛化到孩子日后的社会交往，影响其健康人际关系。

5. 惩罚过度

过于严厉的惩罚，如体罚或严厉斥责，会使孩子感到恐惧和不安。这种恐惧会让他们不敢尝试新事物或表达想法，因为他们害怕受罚。惩罚过度还可能引发孩子的逆反心理，使其故意反抗或不服从规则，以表达不满和愤懑。

6. 惩罚与行为不匹配

如果惩罚与孩子的行为之间没有明确联系，或者惩罚过于随意，孩子可能会感到困惑和不安。他们不明白为何受罚，进而不信任规则或父母。这种不匹配的惩罚，还可能迫使孩子想方设法逃避责任，因为他们觉得任何行为都可能导致不可预测的惩罚。

7. 惩罚过于情绪化

父母在情绪激动或愤怒时实施惩罚，可能会做出不理智的决定，导致惩罚过于严厉，不利于孩子的身心健康。情绪化的惩罚还会破坏亲子关系。

8. 奖惩标准缺乏一致性

若父母对孩子的奖惩标准缺乏一致性，会让孩子觉得规则可随意改变，进而导致不再遵守规则。

9. 体罚或语言暴力

任何形式的体罚或语言暴力都是不可取的。因为体罚会伤害孩子的身体和心理，让他们感到恐惧和无助；语言暴力则可能伤害孩子的自尊心和自信心，让他们觉得自己一无是处。这些行为不仅违背育儿原则，还可能对孩子的长期发展产生深远影响，导致行为和心理方面的问题。

10. 当众惩罚

惩罚应注意场合。例如，有其他小朋友在场时，父母对自己的孩子进行严厉批评，会使其产生羞耻感。但如果把孩子带到房间单独教导，孩子的自尊心得到保护，也能更好地改正不良行为。总之，如果孩子不遵守规则，父母一定要注意教育方式，任何惩罚都要在尊重孩子、保护孩子的自尊心前提下进行。

二、奖惩的原则

奖励与惩罚是一对常用且行之有效的教育方法。它们通过肯定或否定的评价，巩固和发展孩子的优良行为，帮助孩子克服、改正不良行为。适度的奖与惩，都有利于孩子身心的健康发展。

1. 多奖少罚

孩子通常希望得到父母的肯定，因此父母应多鼓励孩子，培养孩子的自信心。有自信心的孩子，性格会更开朗，做事情也更积极主动。当然，孩子犯错时，父母可给予适当惩罚，但要避免对孩子造成伤害。总体而言，应多用奖励，少用惩罚。

2. 奖励力度与任务难度相匹配

奖励力度应与任务难度相匹配。例如，孩子完成较简单的任务时，若过度表扬，可能会让孩子觉得父母低估了自己的能力，从而对这种奖励产生抵触心理。相反，当孩子成功完成较具挑战性的任务时，适时给予与其付出相称的奖励，既是对其努力的肯定，也能有效激发孩子的积极性。

3. 奖惩适度

奖惩的力度和方式应适度，既不能过于严厉，也不能过于宽松。过度严厉的惩罚可能引发孩子的逆反心理，影响亲子关系。而过于宽松的奖励会让孩子产生不切实际的期望，弱化奖励的激励作用。因此，父母需根据孩子的年龄、性格和行为方式，恰当地选择奖惩方式和力度。

4. 公平公正

在家庭教育中，父母要公平对待每个孩子，采取相同的奖惩标准，以使孩子感受到公平和尊重，同时有助于增强家庭成员之间的凝聚力。

第三章
教育就是习惯的培养

“少成若天性，习惯如自然。”无论是在学习、生活中还是在未来的工作中，好的习惯会让孩子受益终身。

意大利教育家蒙台梭利说，如果我们要改变某个国家的风俗习惯，或希望强化某个民族的某种性格，就必须以孩子作为突破口，从他们小时候开始行动。正所谓：“播种行为，收获习惯；播种习惯，收获性格；播种性格，收获命运。”可见，好习惯可使孩子终身受益。

我们要注重孩子行为习惯的养成，让孩子在成长过程中养成良好的生活、作息、学习习惯，使他们成为健康、积极、正义和有担当的人。需要注意的是，良好的行为习惯并非一朝一夕就能养成，要培养一个人良好的行为习惯，必须从小抓起。我国思想家陶行知曾说：“凡人生所需之重要习惯、倾向、态度，多半可以在六岁以前培养成功。换句话说，六岁以前是人格陶冶最重要的时期。”这揭示了培养良好行为习惯应及早抓起。

习惯决定人生

每个人都有好习惯和坏习惯，而成功往往始于好习惯的养成。《汉书·贾谊传》中提到的“少成若天性，习惯如自然”的意思是，童年时期养成的良好行为习惯会像天性一样牢固，最终成为自然。颜之推的《颜氏家训》、朱熹的《白鹿洞书院学规》和《童蒙须知》、王守仁的《教约》等经典著作，对“爱亲敬长”“礼仪举止”等行为习惯的养成路径与方法提出了明确要求，旨在帮助孩子从小培养“圣贤坯璞”所需具备的良好习惯。

一、什么是习惯

人们常说“知识改变命运”，却往往忽视了比知识和技能更为根本、更为隐形且更能决定命运的关键力量——习惯。研究表明，我们每天的行为中，超过40%是由习惯驱动的。可以说，习惯在很大程度上支配着我们的生活。

习惯是通过重复或多次练习而固定下来的行为方式，是刺激与反应之间的稳固链接。反复的行为强化和模仿都可能形成习惯。有研究发现，坚持做同一个行为21天即可初步形成习惯，坚持三个月则此习惯不会轻易改变。根据领域的不同，习惯可分为学习习惯、生活习惯、运动习惯等。

著名幼儿教育家陈鹤琴在《家庭教育》中指出：“幼稚期（自生至七岁）是人生最重要的一个时期。什么习惯、言语、技能、思想、态度、情绪，都要此时期打了一个基础。若基础打得不稳固，那健全的人格就不容易建造了。”人的性格特征、人格特质乃至生活习惯的养成，往往可以追溯到儿童期。因此，儿童期对人生的影响深远。习惯的培养始于父母引导，而关键则在儿童期。

二、习惯养成的重要性

著名教育家叶圣陶曾说：“好习惯养成了，一辈子受用；坏习惯养成了，一辈子吃它的亏，想改也不容易。”良好的习惯对孩子的一生有益。生活习惯好，有助于孩子身心健康成长；文明礼貌习惯好，有益于孩子养成优良品德；学习习惯好，有助于孩子取得优异成绩。

1. 对个人的重要性

良好的习惯对个人发展具有重要意义。首先，有利于孩子身心的健康发展。习惯涵盖广泛，对生活、学习等有深刻影响，决定了个人对生活和学习的态度、方式及取得的效果。其次，良好的习惯养成有助于培养孩子的意志力。习惯养成过程中需要意志力的支持，以克服不良诱导或诱惑。因此，培养良好习惯的过程也是孩子培养顽强意志力的过程。

2. 对家庭的重要性

良好的习惯有助于家庭和谐稳定，提升家庭幸福感。首先，可以减少父母对孩子不必要的担忧，减少因不良习惯导致的不安全事件。其次，良好的习惯有助于孩子与父母建立和谐关系，为家庭带来更多欢乐和温情。

3. 对学校的重要性

良好的习惯能提高学校管理的效率，增强孩子在校园生活中的安全性，有利于营造稳定、积极向上的学习环境。

三、教育就是培养良好的习惯

俄国教育家乌申斯基曾指出，良好的习惯乃是人在其神经系统中存放的道德资本，这个资本不断地增值，而人在其整个一生中就享受着它的利息。相反，坏习惯是道德上无法偿清的债务，这种债务能以不断增长的利息折磨人，使他最好的创举失败，并把他引到道德破产的地步。叶圣陶也强调："养成习惯，换个说法，就是教育。""习惯养成得越多，那个人的能力就越强。我们做人做事，需要种种的能力，所以最要紧的是养成种种的习惯。"可以说，人的未来的发展、性格的塑造、行为方式的形成都与习惯密切相关。

从孩子上幼儿园开始，父母就经常听到老师强调培养孩子良好的行为习惯；孩子上小学后，老师又会强调学习习惯的重要性。正如叶圣陶所说，教育就是养成良好的习惯，衡量教育是否成功，就看是否养成了良好的习惯。

父母在家庭教育过程中，应充分利用生活契机，培养孩子良好的习惯，为其一生成长奠定基础。从心理学角度看，习惯的形成需要反复训练和强化，是一个系统的培养过程。在家庭中，父母与子女共同生活的过程，实际上就是父母对子女进行长期观察、全面了解并在此基础上对其进行系统教育的过程。每个人的习惯、做事方式、性格、兴趣、爱好、特长等，都与家庭教育密切相关。因此，家庭教育的主要任务是培养孩子养成良好的习惯，这是孩子成长的基础。

习惯决定命运。儿童期习惯的养成教育影响一个人一生的行为方式乃至发展。朱永新认为，注重养成良好习惯是创造幸福完整生活的必备保障，是中外教育的共同优良传统，是夯实核心素养的必然选择，是全球教育改革的主要趋向，是促进社会和谐的关键环节，是人类不断进步的重要阶梯。教育的本质是促进孩子身心的健康发展，而习惯养成是实现这一目标的有效途径。

家庭是培养孩子良好习惯的第一所学校，父母是培养孩子良好习惯的第一任老师。父母应根据孩子的年龄特征，有计划地培养孩子形成良好的习惯，从而帮助孩子塑造健康的人格。同时，父母应以身作则，做孩子的榜样，帮助孩子"系好人生的第一粒扣子"，促使其健康成长。

四、如何培养孩子的良好习惯

1. 提高认识

许多父母意识到了让孩子养成好习惯的重要性，却往往忽视自身对孩子成长和习惯养成的影响。因此，父母应提高认识，与学校形成合力，助力孩子养成好习惯。

2. 制订计划

父母应根据孩子的生理特点和成长发展规律，制订详细的习惯养成计划。对于年龄较小的孩子，父母应形象、直观地提出具体要求，进行多次示范，让孩子通过模仿形成良好习惯。

3. 确定目标

在习惯养成过程中，明确、具体的小目标更容易实现。目标过大，孩子会感到吃力，缺乏改变的动力。例如，可以先从饭前洗手这样的小目标开始，父母及时表扬孩子的进步，强化正向行为。

4. 及时评估

及时评估是习惯养成的关键环节。评估应首先由孩子自己完成，父母进行指导。父母应多关注孩子习惯养成的过程，而非结果。

总之，习惯养成需要孩子和父母的共同努力。孩子通过明确目标，执行计划，学会自我管理；父母通过正向引导和榜样示范，帮助孩子成长。这对父母和孩子来说，都是一项艰巨的任务。但坚持下去，每个人都将成为更好的自己，正如英国哲学家赫伯特·斯宾塞所言，“帮助孩子养成终身受益的习惯吧。相比于金钱、财富或地位，习惯才是父母留给孩子最好的财富”。

养成教育从幼儿期开始

“养成”一词在《易经》和《吕氏春秋》中均有记载。《易经·蒙卦》曰：“蒙以养正，圣功也”，意指在孩子年幼时培养其优良的品行习惯，是圣人的功绩。《吕氏春秋·本生》则指出，“始生之者，天也。养成之者，人也”，强调人的本性虽由天定，但德行需通过后天的教育来塑造。

一、养成教育即习惯培养

养成教育是指培养孩子良好行为习惯的教育，是素质教育的重要组成部分。孩子若具备良好的行为习惯，如阅读习惯、卫生习惯、运动习惯、作息习惯以及人际交往习惯等，便为其未来的良好发展奠定了基础。《3～6岁儿童学习与发展指南》也明确指出，应帮助孩子保持规律的生活，养成良好的作息、饮食、个人卫生及锻炼习惯。

英国教育家洛克在《教育漫话》中提出，儿童并非通过规则教育就能培养好，规则容易被遗忘。教育者应利用一切机会，让孩子通过反复练习将行为固定为习惯。习惯一旦形成，便能自然而然地发挥作用。习惯的养成并非一蹴而就，而是一个渐进的过程，需通过将目标具体化，分阶段训练，最终使孩子形成终身受益的品质。正所谓“冰冻三尺非一日之寒”，习惯的养成需要日积月累，以逐步将良好行为内化为孩子的内在素质。

在培养孩子养成良好习惯时，需从小处着手，注重细节。例如，规范孩子的仪容仪表、饮食起居、个人卫生、交际礼仪等生活小节，要求孩子不乱扔垃圾、少吃零食、礼貌待人等。正如古语所言，“勿以恶小而为之，勿以善小而不为”，细节决定成败。

二、幼儿期重点培养的习惯

《教育大辞典》指出，“根据儿童发展的综合特征（活动形式、智力水平、个性、生理发展和言语水平等），把儿童发展分为乳儿期（出生～1岁），婴儿期（1～2岁），幼儿期（3岁至六七岁），儿童期或学龄初期（六七岁至十一二岁），少年期或学龄中期（十一二岁至十四五岁），青年期或学龄晚期（十四五岁至十七八岁），成年期（十七八岁以后）”。幼儿期是养成良好习惯的关键期。培养幼儿形成良好的习惯，有助于幼儿形成责任感、自信心及独立解决问题的能力，对其未来的学习、生活和工作会产生深远影响。

1. 早睡早起

幼儿正处于身体发育期，早睡早起符合其生长发育规律，有益健康。父母应培养孩子形成早睡早起的生活作息习惯。

2. 专心吃饭

专心吃饭是科学的饮食行为，有利于孩子的消化。父母应避免边吃饭边看电视或玩手机，为孩子树立良好榜样。父母不要小看孩子专心吃饭这件事，因为这对训练孩子的专注力也有好处。

3. 自己如厕

三岁左右的孩子应学会自己如厕，这不仅可以减轻父母和幼儿园老师的负担，也能增强孩子的自信心，锻炼其自理能力。

4. 自己穿衣穿鞋

三岁左右的孩子已经具备自己穿衣穿鞋的能力，父母应教导孩子自己的事情自己做，逐步提高穿衣穿鞋的熟练度。

5. 讲究卫生

饭前便后洗手、睡前刷牙、饭后漱口、勤洗澡等卫生习惯对孩子的健康成长至关重要，父母应帮助孩子养成讲究卫生的习惯。

6. 做简单家务

父母应根据孩子的年龄特征和能力，让其参与简单的家务劳动，如收拾玩具。这有助于培养孩子的自理能力，避免将来成为"高学历低能儿"。

7. 讲文明懂礼仪

文明礼仪需从小培养。举例来说，父母应培养孩子从小遵守公共秩序，如排队；引导孩子学会与人分享，如与小伙伴分享食物和玩具。

三、幼儿期习惯养成的方法

1. 在日常生活中随时进行

父母在家庭生活应随时关注、培养孩子的好习惯。例如，在进餐时纠正孩子打喷嚏不捂嘴的行为，可利用相关的科普视频直观展示打喷嚏时可能喷出很多细菌，会污染食物，传染疾病。

2. 用儿歌巩固习惯

父母可以把平时对孩子的习惯要求编成儿歌，既生动有趣，又方便记忆，还能起到提醒的作用。如午睡前和孩子唱儿歌："小鞋整齐放在地，小被温和盖身体，小宝宝静悄悄，闭上眼睛睡午觉。”

3. 利用游戏

孩子普遍乐意做游戏。父母可以通过创设游戏情境提高孩子的自理能力，培养孩子的良好生活习惯，如通过为布娃娃穿衣、喂饭等游戏，潜移默化地培养孩子的良好生活习惯。

4. 注重伙伴带动

幼儿期的孩子“生活中最大的变化是开始走出家庭庇护所，来到同伴世界”。父母可让孩子多与其他小朋友相处，通过其他孩子的榜样示范，促进良好习惯的形成。

养成良好的学习习惯

学习习惯是学生在学习过程中形成的一种稳定的、自发的行为方式，直接影响学生的学习效果及其未来的发展。良好的学习习惯对孩子非常重要，一旦养成，终身受益。父母应注重从以下几个方面培养孩子良好的学习习惯。

一、养成制订学习计划的习惯

制订学习计划是养成良好学习习惯的基础。学生应根据自身实际情况，制订科学、合理的学习计划，明确每天的学习任务。同时，学生应学会合理安排时间，避免拖延和浪费。在制订学习计划时，还应注重计划的可行性和可操作性，避免计划过于笼统或难以实现。

二、养成课前预习的习惯

预习是指在老师教授新知识之前学生提前自学。学生可在已有的知识水平或经验基础上自学新知识，并对难以理解的内容进行标记，以提醒自己在上课时着重听讲。预习，一方面可以培养学生的自学能力，另一方面可以使学生在听课时有的放矢，提高听课效率。由于预习通常在家中进行，所以需要父母的配合与监督，经过一段时间的训练，孩子会自然而然地养成课前预习的习惯。

三、养成课上认真听讲的习惯

听课是学生学习知识的主要途径。课堂上，学生应认真听讲，积极参与讨论，及时记录老师讲解的重点和难点。

四、养成勤于思考、勇于挑战的习惯

父母和老师应鼓励孩子敢于向困难挑战，养成勤于思考的习惯。当孩子遇到困难时，父母不要急于帮忙解决，而应鼓励孩子通过自己的思考完成任务。如果孩子通过积极思考解决了难题，会体验到战胜困难的成就感，这是其他事情难以替代的。

五、养成课后自觉复习的习惯

课后复习对提高学习效果非常明显。在一天的学习结束后，学生应先对当天学习的知识进行梳理、消化和巩固，明确哪些知识已经掌握，哪些知识还不明白，并设法弄懂不明白的地方。学生在理解、掌握了知识后再做家庭作业，可以提高学习效率。

六、养成自查作业的习惯

许多学生做完作业后不愿意自己检查，有的甚至让父母检查，久而久之就形成了依赖性。老师和父母应共同督促孩子养成自查作业的习惯，以提高作业的正确率。可以制定一些奖惩制度，如作业书写漂亮、正确率高的孩子可获得奖励，以提高孩子自查作业的积极性。

【经验分享】

良好学习习惯的养成不是一朝一夕的事情，要靠老师和父母长期不懈地坚持与督促。孩子一旦养成良好的学习习惯，会对其终身可持续发展打下坚实的基础。

从女儿上一年级开始，我便着手培养她良好的学习和生活习惯。我告诉她，开学前需要制订计划，严格遵守时间安排，如几点起床、几点吃饭、几点到校等，不能迟到。指导她制订日程表，内容涵盖午睡、饮食、作业完成时间等，并将反复修改的日程表贴在家中最醒目的位置。她还提议，每完成一项任务可以奖励一个苹果，表现更佳则奖励一个桃子，我对此表示支持。

日程表实施后，女儿每天早上听到闹铃便立即起床，每晚进行总结。我承诺，如果她一周表现良好，会满足她一个小愿望；若表现更佳，则满足她一个大愿望。为了完成自己的小愿望，她主动整理书包、削铅笔，作业也写得非常工整。她的愿望有时是去肯德基用餐，有时是购买更大的芭比娃娃。而我始终坚持兑现对她的承诺。

我会尽力将日程表上的图案绘制得更加精美，并将其张贴在家中最显眼的位置。女儿会自豪地向来访的客人展示她的任务完成情况和获得的奖励。通过这种持续的激励方式，女儿逐渐养成了良好的学习和生活习惯。

女儿刚上小学时，老师要求父母协助听写生字词，她就每天等我下班后才能完成听写任务。为了提高效率，我想让她使用点读机进行听写，先读一遍生字词，再留出时间书写。但女儿拒绝了。为了节省时间，她没有使用点读机，而是采用默写所有生字词的方法。这一习惯从一年级保持到初中，尤其是在英语学习中，她从未依赖父母听写，而是依靠自己背诵、默写，极大地锻炼了她的记忆能力。

为了培养她高效学习的习惯，我为她创设了独立的学习空间，确保此空间仅用于学习，娱乐活动则在其他地方进行。同时，我开始记录她写作业的起止时间，以便评估她的学习效率。实践证明，这一方法非常有效。

养成良好的阅读习惯

研究表明，六岁，尤其是三岁之前是儿童大脑发育的黄金期。从小养成良好的阅读习惯，是提高个体语言能力、思维能力、审美能力，促进个体社会化发展的基石。

一、儿童阅读敏感期

阅读是孩子认识世界、解释世界、融入社会、发展自我的重要途径。根据蒙台梭利的敏感期理论，儿童的阅读敏感期一般出现在四岁半到五岁半之间。因而，六岁之前被视为儿童阅读的黄金期。对于培养儿童的阅读习惯来说，三岁之前是准备期，三岁至六岁是关键期。

父母应重视孩子的阅读敏感期。因为在这一时期孩子会表现出特别积极的阅读态度。此时，孩子“痴迷”各种带文字或图片的内容，包括绘本、图书、报纸、广告牌、宣传画等。虽然对这些内容，孩子有的能看懂，有的仅靠猜测，但这种阅读体验是真实的、主动的，对孩子是有价值的。因此，父母必须高度重视并抓住孩子的阅读敏感期，为其创造适宜的阅读环境，助其成长。

二、阅读对孩子的作用

1. 促进语言能力的发展

阅读是促进孩子语言能力发展的重要途径。首先，孩子在阅读中接触到丰富的词汇、多样的句式，这些输入能直接扩充其语言储备，帮助他们理解不同语境下的语义表达，比如，通过故事中比喻、拟人等修辞手法的运用，孩子能直观感受语言的生动性与精确性。其次，阅读过程中孩子需要对文本进行解码、理解和重构，这一过程锻炼了他们的语义分析、逻辑推理和信息整合能力。例如，在理解复杂句子时，孩子会不自觉地梳理语句间的逻辑关系，从而提升语言组织的条理性。再次，亲子阅读或同伴共读时的互动讨论，还能为孩子提供语言输出的机会，促使他们将语言知识转化为实际的表达能力，实现“输入—理解—输出”的良性循环。

2. 促进思维能力的发展

孩子最初接触的读物通常以图画书为主，其中生动形象、五颜六色的画面为孩子提供了广阔的思维空间。这些色彩斑斓的画面不仅能吸引孩子的注意力，还会激发其想象力与创造力。为了“读懂”图画的内容，孩子需要认真观察，将独立的画面连成完整的故事。这一过程中，孩子的观察力、理解力、记忆力、想象力和创造力都会得到锻炼和发展。

3. 促进审美能力的发展

优秀的文学作品往往蕴含着多样的审美元素，如语言美、形象美、情感美和意境美等。孩子在阅读经典的文学作品时，会接触到生动的词汇、优美的句式和富有韵律的语言表达，这有助于他们感知语言的形式美，提升对语言艺术的敏感度。例如，“飞流直下三千尺，疑是银河落九天”所描绘的壮阔意境，能让孩子在脑海中形成鲜明的画面感，培养对自然美和艺术美的直观感受。

另外，引导孩子阅读优秀的文学作品，传递正确的审美观念和价值取向，能够帮助他们建立健康的审美趣味，抵制低俗、浅薄的审美影响。同时，阅读活动中的互动交流，也能促进孩子审美能力的发展，使其不断完善自己的审美认知。

4. 促进社会化发展

适合孩子的读物大多蕴含一定的道理，潜移默化对孩子施加教育影响。无论是读绘本还是读故事书，孩子往往会得到一定的启发，逐渐了解所生活的世界，学会做人、做事，促进社会化发展。

三、培养孩子阅读习惯的关键点

1. 抓住阅读的关键期

四岁半至五岁半是儿童的阅读敏感期，也是培养其阅读能力的关键期。父母应有意识地为孩子提供适宜的阅读材料，引导其阅读，培养其阅读兴趣，提升其阅读能力，使其养成阅读的好习惯。需要注意的是，这一敏感期转瞬即逝，因此，父母应利用好这一时期培养孩子的阅读能力，使其养成阅读的习惯，往往能取得事半功倍的效果。

2. 提供合适的阅读材料

父母应根据孩子的兴趣和发展特点为其选择适宜的阅读材料，因为阅读材料的内容决定了孩子能否产生阅读兴趣。不同年龄段的孩子有不同的阅读需求，父母应了解其心理、生理发展特点，从孩子的兴趣出发，选择符合其年龄特点、贴近其生活、主题有趣、画面富有美感的阅读材料，让图书真正触及孩子的心灵，促进其成长。

3. 保证足够的阅读时间

阅读习惯的养成需要长期坚持，因此必须保证每天有一定的阅读时间，例如，晚饭后阅读一小时或睡前阅读一小时。

4. 营造良好的阅读氛围

环境在孩子的成长过程中有重要作用。适宜的阅读环境是激发孩子阅读兴趣的首要条件。父母可以在家中为孩子设置专门的阅读角，将书籍摆放在显眼的位置，方便孩子自行取放。父母还可以与孩子共同商量如何装扮和布置阅读角，让孩子参与其中，真正成为这一方天地的“小主人”。此外，书店也是培养孩子阅读兴趣的理想场所，那里有琳琅满目的图书，可以让孩子徜徉在书的海洋中，感受阅读的气氛，从而激发阅读兴趣。需要特别强调的是，孩子天生喜欢模仿，尤其喜欢模仿父母的行为。因此，父母应以身作则，养成阅读的良好习惯，与孩子一起阅读，适时分享阅读感受，让孩子在耳濡目染中形成自觉阅读的习惯。

5. 尊重孩子独特的阅读方式

成人在阅读时往往按部就班，孩子则不然。由于孩子的接受能力和理解能力有限，注意力不稳定，无意注意占主导，所以他们阅读时可能会出现非常态的行为，如反复阅读同一本书或同一页面、快速翻书、倒着看书。许多父母担心这些行为会养成不良习惯而急于纠正，其实不然，这些行为正是孩子有阅读兴趣的表现。阅读本身是一件愉快的事情，父母应了解并尊重孩子的这些特点，让其以放松的姿态进行阅读，这有助于维持并进一步激发孩子的阅读热情。

6. 肯定、鼓励孩子的阅读行为

孩子良好习惯的养成需要父母的关注、肯定与鼓励。父母若能经常对孩子的阅读行为给予适当的鼓励，如每当孩子读完一本书时，父母予以夸赞，可以保持其阅读热情，进一步形成阅读习惯。

7. 亲子共读

儿童最初的阅读通常是亲子共读，即父母读，孩子听。父母读书给孩子听，是陪伴孩子成长的最佳方式之一，也是孩子成长中最幸福的事情之一。通过亲子共读，孩子可以获得视觉、听觉等多种感官的刺激，增强对语言的理解和对图画的认知。同时，亲子共读，使孩子感受到父母陪伴的幸福，有助于增进亲子间的感情。

养成良好的生活习惯

人们常说："细节决定成败。"这里的"细节"指的是什么？其实，一个人日常的细微生活习惯就是细节。习惯的养成涉及许多方面，但最核心的是养成良好的生活习惯。生活习惯并非一朝一夕能够形成，而是日常生活中具体实践的日积月累。

一、为什么要养成良好的生活习惯

生活习惯体现在日常行为中，正所谓"行为就是一种习惯"。《现代汉语词典》

将“习惯”解释为:“在长时期里逐渐养成的、一时不容易改变的行为、倾向或社会风尚”。简单地讲,习惯是一种行为,而且是稳定的,甚至是自动化的行为。例如,起床、穿衣、洗脸、漱口、吃饭等日常行为都与生活习惯紧密相关。个人素养也体现在日常行为习惯中,如女士优先、公共场合保持安静、按秩序排队等。

为人父母者深有感触:如果孩子从小养成良好的生活习惯,按时睡觉、起床、吃饭,父母会省心很多,孩子的生活也会更有规律。同时,也能培养孩子的自觉性,如自己的事情自己做、讲究个人卫生等。然而,现实中许多父母认为孩子年龄小,一些事情不用着急学,如穿衣、吃饭等生活琐事孩子以后自然会掌握。因此,一些父母往往包办代替,喂孩子吃饭、帮穿脱衣服,却不知这反而使孩子的独立性变差,养成依赖心理,甚至导致发育迟缓。因此,早期家庭教育的重要任务就是培养孩子良好的生活习惯。

二、应培养孩子哪些生活习惯

《朱子家训》有言:“黎明即起,洒扫庭除,要内外整洁。”对孩子良好生活习惯的培养应融入家庭日常生活中,如按时起床、睡觉,饭前、便后洗手,不乱扔垃圾,用完东西放回原处。许多习惯看似琐碎,却对孩子的性格形成和未来发展有重要影响。诺贝尔奖获得者卡皮察曾说,对他影响最大的是从小养成的“用完东西放回原处”的习惯,这使他在研究中节省了大量时间。

父母在培养孩子良好生活习惯的同时,也应注意避免不良习惯的形成,如长时间看电视、玩电脑。这些行为可能导致不良生活方式,影响身心健康。父母应根据孩子的年龄,合理控制电子产品的使用时间,建议学前儿童和小学生每天使用时间不超过半小时。

三、如何培养孩子良好的生活习惯

1. 设置目标

父母应根据孩子的年龄设置不同的生活习惯养成目标。孩子小时候,应设置一些短期的目标,并定期进行调整;随着孩子长大,可以逐步设置一些长期的目标,提出较高的要求,让孩子知道自己的努力方向。

2. 及时强化

良好的行为习惯需要从小养成并不断强化。正如乌申斯基所说,“任何一种习惯行为都是反射行为,行为的习惯性有多深,它的反射性就有多大,如果我们在某种心理—生理行为中发现有习惯，那么这就意味着，具有接受新反射的能力的神经系统或多或少地参加了这种行为。”只有及时强化，行为才能形成“反射性”，并最终养成良好习惯。

3. 及时鼓励

孩子良好习惯的培养需要父母的肯定和鼓励。具体、正面的评价能激发孩子的积极性，如“你今天睡前自觉刷牙，真棒！”这种认可能让孩子认识到自己的进步，强化形成好的习惯。

4. 打造环境

“橘生淮南则为橘，生于淮北则为枳。”家庭环境对孩子的发展有着重要的影响。良好的家庭环境是孩子健康成长的基础，父母应为孩子打造干净、整洁、有序的环境，以促使其良好习惯的形成。

5. 榜样示范

父母是孩子的第一任老师，孩子会模仿父母的行为举止。因此，父母应以身作则，言传身教。例如，要求孩子不挑食，父母自己也应做到，否则会对孩子产生负面影响。

养成运动的习惯

“生命在于运动”，运动是保持健康的有效途径。父母从小培养孩子的运动习惯，在促进孩子睡眠、舒缓学习压力、增强身体健康等方面都有显著益处。我一直非常重视女儿的体育锻炼，每天坚持让她锻炼半小时以上，如打羽毛球、打乒乓球、跳绳、踢毽子、游泳、爬山等，目的是让她拥有健康的身体和强健的体魄。

一、体育锻炼的益处

（1）强化心脏功能。心脏作为肌肉组织，通过运动可以增强其功能，降低心脏病的发生率。

（2）促进血液循环。运动可显著降低血液中低密度脂蛋白及甘油三酯水平，增强血管弹性，有效控制血压，降低心脑血管疾病发生的风险。

（3）优化肺功能。运动可以增加肺活量，改善呼吸机能，使身体更高效地摄取氧气并排出二氧化碳，延缓因年龄增长导致的肺功能衰退。

（4）调节血糖水平。运动促进肌细胞对葡萄糖的摄取利用，维持血糖平稳，降低患糖尿病的风险。

（5）控制体重。运动能消耗多余热量，促进脂肪氧化分解，减少脂肪堆积，有助于维持健康体重。

（6）增强骨骼强度。运动可使骨骼更强壮，增加骨密度，有助于预防骨质疏松症。

（7）降低癌症风险。运动可以降低患结肠癌、子宫内膜癌和肺癌等癌症的概率。

（8）调节血压。运动有助于减轻压力，降低血压，减少心脏病发生的风险。

（9）提高身体活力。定期运动能让人感觉更有活力，减少疲劳。

（10）改善情绪健康。运动能释放内啡肽和血清素，这两种物质有助于调节情绪，提升幸福感，并预防帕金森病等神经障碍的发生。

二、适合儿童的体育运动

如上所述，运动的好处很多，父母应注重培养孩子的运动习惯。那么，适合儿童的体育运动有哪些呢？

（1）跳绳。促进血液循环，增强身体的协调性和灵活性。

（2）骑自行车。发展腿部肌肉力量，提高孩子的反应灵敏度和平衡能力等。可以给低年级儿童准备三轮自行车。这种车的重心较低，不容易摔倒，有助于孩子较快掌握骑自行车的技巧。

（3）游泳。游泳可以增加孩子的肺活量，增强身体对外界环境的适应能力，提高对疾病的抵抗力。

（4）爬山。爬山可以锻炼孩子的毅力，开阔孩子的视野，有助于孩子心胸开阔、乐观向上。

（5）体操。如徒手操、器械操等有助于全面发展孩子的身体素质。

（6）跳皮筋。跳皮筋作为经典弹跳运动，能锻炼孩子运动的协调性，通过跳跃、勾绕等动作组合，促进肌肉发育，并对孩子的神经系统发育具有积极作用。

（7）乒乓球。在乒乓球运动中，眼睛通过追踪高速运动的球体，强化睫状肌调节能力，可有效预防近视；还可提高孩子的手眼协调性，培养快速反应能力。

（8）篮球。少儿篮球采用降低篮筐高度、缩小场地及限制身体对抗等规则，降低了意外受伤的概率。篮球运动有助于提高孩子的团队协作意识，提高社交能力。

（9）游泳。游泳能有效增强呼吸系统的功能。

三、儿童需谨慎开展的运动项目

父母安排儿童运动时应注意科学适度，以下项目需特别关注。

1. 肌肉力量训练

儿童生长发育遵循“先纵向（身高）后横向（体重）”的规律，其肌肉组织含水量高而蛋白质含量低，过早进行力量训练易导致肌肉损伤。

2. 拔河比赛

儿童心脏功能发育尚未完善，做大强度对抗运动时需通过提高心率维持供血。研究表明，6 ～ 7 岁的儿童参与拔河运动 1 小时后，30% 的受试者心率仍未恢复正常水平。

3. 蛙跳训练

做该运动时，膝关节承受压力可达体重的 3 倍。儿童骨骼发育尚未完成，蛙跳产生的冲击力，易导致膝关节或韧带损伤。

4. 滑板车运动

儿童在使用滑板车过程中持续使用优势脚发力易造成下肢肌肉发育不均衡；膝关节、踝关节长期承受冲击压力，可能造成慢性运动损伤。

5. 掰手腕游戏

儿童肌肉力量较弱，关节囊松弛且骨骼未发育完全，掰手腕过程中腕关节和肘关节承受压力过大，可能造成关节扭伤、韧带拉伤等伤害。

6. 倒立练习

频繁或长时间倒立会超出儿童眼压调节能力，可能对视觉系统造成不可逆损伤。

总之，儿童进行体育运动时应以技术学习和协调性训练为主，严格规避大负荷力量训练。遵循“循序渐进、兴趣优先”的原则，着重培养运动技能、身体协调能力及反应灵敏度，优先保障身心健康全面发展，而非片面追求竞技性目标。

第四章
让孩子爱上阅读

阅读是人生大事。一个真正的读者能从阅读中收获双重裨益：一是形成卓越的学习能力，既能使其在学业中取得优异成绩，又能实现终身成长；二是培养独立建构生活的能力，从而获得更丰富的精神世界和更高品质的生活。阅读是一种精神享受，而非功利性任务。理性通达的品格、深厚的人文底蕴、独立思辨的智慧——这些铸就生命华彩的珍贵品质，都在书香浸润中悄然萌发。

持续阅读更能培养孩子的专注力、执行复杂任务的能力、处理多线程事务的思维、坚韧品格、自主学习意识等素养。

真正的阅读，作为一项全然由内在兴趣驱动、能带来心灵愉悦的自由精神活动，往往始于生命早期的某个契机，而后焕发着持久的魅力。

如何让孩子爱上阅读

联合国教科文组织数据显示，以色列在人均图书馆数量、图书出版量及人均阅读量方面均居世界首位。14 岁以上的以色列人平均每月阅读一本书。据说，以色列人这一习惯的养成源于以色列独特的文化传统：当孩子稍懂事时，母亲会在《圣经》上滴蜂蜜让其亲吻，通过仪式传递“书籍是甜蜜的”理念，由此奠定全民阅读的根基。

培养孩子的阅读能力需循序渐进：从三岁前的早期启蒙，到逐步赋予选书自主权，再到帮助其享受阅读并提升技巧，父母需在不同阶段扮演引导者角色。有的父母质疑：“三岁的孩子不识字，如何独立阅读？”事实上，幼儿阅读以读图为主，即便不识字，也能通过图画理解内容。若将阅读狭隘定义为“读文字”，待识字量达到一定程度再开始，反而会错失阅读能力培养的关键期。

需特别提醒的是，早期阅读应避免将识字作为目标。若三岁孩子在翻书时被不断纠正字音，阅读的乐趣将荡然无存。因此，建议通过到书店浸润熏陶激发孩子的阅读兴趣。

女儿出生后，我每晚坚持为其朗读半小时，并订阅《婴儿画报》等刊物。女儿两岁时我便频繁带她出入书店、光顾书摊，逐步培养其对书籍的渴望。初期允许她在书店自由挑选贴画书或漫画书，每次仅购一本以保持期待感；至四五年级时，她已能日均读完一本儿童著作。

旁人常误以为我教育孩子毫不费力，其实并不是这样的，也许我比一般的父母付出得多。自女儿学步起，我便每晚带她前往图书馆和社区书店，即使不买书也去转转，浏览一下。兴趣需要环境塑造——若常去服装店，孩子会关注衣着；若常出入棋牌室，孩子则易沉迷游戏。

选书权应交还孩子。成人总以"更懂"为由帮孩子代选图书，却忽视了阅读的核心是自主兴趣。唯有尊重孩子的兴趣，让孩子自主选择，孩子才能真正爱上阅读。我的策略是让阅读的兴趣自然萌芽：提供适龄读物，创造阅读机会，但不强制要求阅读时长、内容或方式。

具体实践中，我通过"书店探索"激发女儿的阅读欲望：初期允许女儿购买任何书籍（包括内容超龄的），建立她的期待感；后期根据年龄筛选读物，逐步引导她多读百科类读物。晚上，女儿常因沉浸阅读而推迟睡觉时间。这种引导需避免强制——孩子的可塑性虽强，但压迫易引发逆反。所幸我们始终沟通顺畅，母女关系融洽。

关于阅读习惯的培养，我深有体会：在培养孩子阅读兴趣的过程中，父母应对孩子进行适当、有效的引导。这主要包括以下要素。

（1）生活环境中有书：如果家里一本书都没有，孩子很难爱上阅读。

（2）有可模仿的对象：看到父母看书，孩子自然也会学着看书。

（3）阅读与积极感受相关：孩子看书时若能得到鼓励，而不是被干扰、批评，会更乐于阅读；但如果阅读会带来负面感受，例如，被大人强迫，孩子可能会厌恶阅读。

在成人看来，孩子的一些行为可能难以理解，如连续一个月要求父母反反复复为他读一本书，或者一次抱过来好几本书，让父母一本一本地读给他听。这都没问题，这是孩子认知发展的自然过程，无须干预。父母越少"纠正"，孩子阅读的自主兴趣越持久。功利化催促（如要求复述故事）或超前教育（让三个月大的婴儿"读"绘本），反而会扼杀孩子的阅读兴趣。

实际上，孩子爱看书，既不是与生俱来的“天分”，也不是某一天灵光一闪的“开窍”，而是来自家庭生活中的耳濡目染。如果家里没有几本书，孩子一买书父母就嫌贵，把阅读当成学业成绩之外不重要的事，孩子也会把阅读当成额外任务，敷衍了事。

如果仔细探究，我们会发现，孩子对阅读产生兴趣的契机，通常是因为他在书里读到好玩的事，然后想再多读一些。为了让这个契机尽早出现，父母需要及时为孩子提供适龄读物（从婴儿时期即可开始），让他有机会尽早接触阅读，让最初的阅读活动以快乐的方式开始，不带任何强迫意味。

父母还应注意，在这个契机出现之后，要帮助孩子继续保持、发展兴趣。父母要为孩子准备充足的读物，让孩子有条件随时到书里去发现“好玩的事”；孩子稍大一些后，就要鼓励和支持他根据自己的兴趣自由选择读物。当孩子谈论阅读内容时，父母应该积极参与，耐心倾听与分享。

阅读是一种内化的习惯和能力，需要在家庭环境中长时间、沉浸式地培养，不是一朝一夕就能养成的。父母培养孩子阅读能力和习惯的最佳途径是沉下心来，切实花功夫为孩子创造图书条件，并用适当的方式引导孩子自然地开始、自主地进行阅读。除此之外，没有省时、省力、速效的捷径可走。

让阅读成为孩子生活的一部分

阅读是人生大事。一个真正的读者能从阅读中收获双重裨益：一是形成卓越的学习能力，既能使其在学业中取得优异成绩，又能实现终身成长；二是培养独立建构生活的能力，从而获得更丰富的精神世界和更高品质的生活。阅读对孩子的成长具有深远影响。广泛涉猎各类书籍的孩子，往往有开阔的视野、饱满的精神、远大的志向与执着的追求。可以说，一个人的精神成长史即是其阅读史。

在知识经济时代，真正的学习不仅包含接受学校教育，还涵盖日常生活实践与终身学习过程。阅读的核心价值在于培养人具有终身学习能力，这种能力不仅是应对学科学习的基础，更是支撑其终身发展的关键要素。需要特别指出的是，阅读能力绝非单纯的语文素养，而是决定学习效能的核心竞争力。

阅读能力决定了学习能力的上限。对于已具备基础阅读能力的学生而言，阅读能力的强弱直接决定其学业表现——阅读能力越强，学习能力越强，学业表现越优秀。通过持续阅读，孩子不仅能建立知识储备、掌握信息处理技巧、提升思维能力与解决问题的能力，更能培养以下六大核心素养。

第一，专注力。课堂教学效果与学生的专注程度直接相关，这正是老师强调学生要认真听讲的根本原因。阅读作为需要调动视觉的深度认知活动，其所需的专注强度远超单纯听觉活动。长期坚持阅读的孩子，其专注力自然能得到充分发展。

第二，完成复杂任务的能力。学习成绩好的孩子还有一项特别的能力——完成复杂任务，并能从中获得乐趣。然而，真正具备这种能力的孩子并不多见，主要原因在于多数孩子日常学习中缺乏相关实践体验。面对长篇巨著时，不擅长阅读的孩子无论对内容是否感兴趣，都会将阅读视为艰巨的挑战；而擅长阅读的孩子遇到感兴趣的书籍时，无论篇幅多长，都会将其视为令人兴奋的、充满期待的挑战。他们深知阅读的过程充满趣味，达成目标后更会享受到成就感，因此会全情投入，循序渐进地完成整部作品的阅读，并逐步培养出完成复杂任务的思维和能力。

第三，处理多项任务的能力。随着孩子年龄的增长，所学课程逐渐增多，处理多项任务的能力就显得愈发重要。小学阶段的考试科目通常只有语文、数学、英语三门。在初中阶段，考试科目骤然增至六七门，部分学生的学习就容易顾此失彼。例如，每日多个科目同时布置作业，需要学生回家后逐项完成；再如，备考复习时，需要统筹兼顾所有考试科目。对于擅长阅读的孩子而言，读完一本书再读另一本书，每本书都代表一项新任务。当孩子养成持续应对新任务的习惯后，面对多项任务时就不会产生畏难情绪，并且能够使各项任务的完成条理化。

第四，学习韧性。学业压力增加时，阅读培养的耐久力优势尤为显著。长期专注阅读形成的学习韧性，使孩子能够持续保持稳定的学习状态，避免“三分钟热度”。

第五，自主学习意识。主动选书、持续阅读的过程，本质上是自主学习能力的培养过程。这种自我驱动模式一旦形成，自然迁移至各科学习中，有效解决“被动学习”的普遍难题。

第六，自信心。自信的孩子相信自己有能力解决问题，因而更容易在学业中取得较好表现。反之，自信心不足的孩子往往低估自身的能力，因害怕失败而缺乏尝试的勇气，通常难以获得或保持优异成绩。值得注意的是，这种不自信的现象在善于阅读的孩子中并不常见，因为他们在阅读过程中会产生“会读书的我真厉害”的积极认知，既能享受到获得知识的乐趣，又能从文字中捕捉到自我实现的瞬间。这些正向体验会显著增强孩子的自信心。此外，善于阅读的孩子通过持续汲取新知，会自然形成“学习并非难事”的认知，这种良性循环进一步提高了他们的自信心。

需要强调的是，阅读能力的培养应着眼于整体学习能力的提升，而非局限于语文单科成绩。教育犹如马拉松，需要耐力和实力。阅读赋予孩子的正是持久竞争力。

从教育发展规律来看，阅读能力直接决定学习能力的双重维度：既是维持基本学业水平的下限保障，更是突破常规的上限支撑。儿童期是孩子学习能力形成的关键期，因此在这一时期养成阅读习惯具有终身影响。缺乏阅读训练的学生，往往会在高等教育阶段及职场发展中遇到持续性学习障碍。

值得注意的是，成年人的学习主要依赖自主阅读。缺乏阅读能力者，其知识更新与技能提升将面临障碍。正因如此，培养阅读习惯应注重自然内化，而非功利性考核。我在育儿实践中，始终秉持“阅读即生活”的理念——不设量化指标，不求即时回报，唯愿孩子将阅读视为呼吸般自然的生活组成部分。这种非功利性的培养方式，恰是养成终身阅读习惯的关键。

教育者当明晰：培养阅读能力本质上是在培养孩子的未来竞争力。当阅读成为生活中不可缺少的组成部分时，孩子收获的不仅是优异的学业成绩，更是应对未来挑战的核心素养与终身成长的内驱力。

让孩子在阅读中获得快乐

研究表明，孩子从出生起就可以逐渐培养阅读习惯。六岁之前是孩子大脑的高速发育期，早起阅读通过词汇输入、图像联想等刺激孩子的神经网络，提高其语言理解与表达能力。婴幼儿可由父母为其朗读，这有助于自然形成亲子共读的氛围。对父母而言，与孩子共同沉浸于知识的世界，自由探索生活的趣味，满足好奇心并激发想象力，本身就是充满幸福感的美好体验。阅读的本质在于享受乐趣、分享交流与深度思考。满足精神需求，追寻作者的思想轨迹，获得独特感悟，正是阅读的魅力所在。

如何让孩子在阅读中获得快乐？这就不得不说“兴趣”了。关于兴趣培养，积极心理学提出了重要观点：真正的兴趣必然带来快乐，或者说，能带来快乐的事物才会引发持续兴趣。尽管兴趣类型千差万别，但从中获得的愉悦感本质上是一样的。热爱阅读者所体验的正是这种愉悦感。兴趣发展的方式包括鼓励、讨论、分享、肯定等积极策略。这些方式既能保护兴趣的纯粹性，避免将其异化为任务压力，又能维护兴趣带来的成就感。

心理学中的“高峰体验”概念同样适用于阅读领域。该理论源自人本主义心理学家亚伯拉罕·马斯洛提出的需求层次理论，描述的是一种“人生圆满”的极致感受。马斯洛指出，高峰体验是自我实现的短暂时刻。这是一种令人心醉神迷的时刻。处于高峰体验中的人有一种比其他任何时候更加整合（统一、完整、浑然一体）的自我感觉。当他更加纯粹地成为他自己时，他就更能够与世界、与以前非我的东西融合。处于高峰体验中的人通常感到自身正处于巅峰，正在最佳地、最充分地发挥自己的潜能。此时，他表现得胸有成竹。

当孩子全情投入阅读，在书中因发现惊喜、获得共鸣、提升理解能力而自豪时，他其实正经历高峰体验。这种自我实现的感觉将深化其对阅读的兴趣。随着阅读带来的认知能力的逐渐提升，孩子将逐步形成自我实现的能力，这正是阅读赋予成长的最美图景。

值得注意的是，体验过这种愉悦感的孩子未必会机械地执行“每日固定阅读时间”，但会在兴趣驱动下自发阅读，无须外力推动便能沉浸其中直至获得满足。因此，培养阅读习惯的关键不在于强制固化阅读形式，而在于创造邂逅美好阅读体验的机会。为此，父母可为孩子在家中创设安静、温馨的阅读角，配备适合的桌椅、专用书架等，让孩子体验到阅读的氛围。

对于学前儿童来说，创设愉悦的阅读氛围需注意：幼儿注意力持续时间有限，父母不要期望过高，操之过急或是要求过严，动辄批评、指责，不仅不利于创设和谐的阅读氛围，反而会对孩子阅读习惯的形成造成负面影响。此外，在阅读中，孩子对书面语言的理解往往与作者表达的原意不同，当孩子提出“可笑”的问题或进行“荒谬”的解释时，恰恰是孩子主动思考的表现，父母应予以鼓励并适度引导，让其在轻松、愉快的氛围中主动积极地阅读和表达。而对幼儿的偶尔损坏图书等不当行为，父母也应保持宽容、关爱的态度。

这里，还有必要着重谈一谈阅读的计划性问题。

计划和目标紧密相连，我们既不主张为孩子制订阅读计划，也不主张为孩子设定阅读目标，包括大人和孩子一起设定阅读目标。不要求孩子一个月、一年读多少本书，不要求孩子做阅读笔记、写读后感、摘抄好词好句，也不考察孩子有没有因为阅读而写出更漂亮的作文——什么目标都不设定，只是读。父母一定要注意，千万不要将孩子阅读赋予功利性的目标，以求其读得更多、更好、更有效率、更有收获。这是因为，喜欢的事即使没有任务目标也乐意去做；而被设定任务目标的事，再喜欢也会觉得有压力。就像有人喜欢看电影，但除非有相关工作任务，否则绝大部分人不会给自己定一年要看多少部电影的目标。孩子阅读也是如此，一旦有父母设定的目标，阅读就会变成“作业”，阅读带来的乐趣也会大打折扣。更何况，有的父母可能会给孩子设定一个很高的目标，让孩子心生厌倦，觉得阅读是一件很累的事情。

现实中，一些父母喜欢帮孩子制定时间表，把写作业、玩、上课外班、听英语等活动都安排进去，目的是让孩子养成好习惯。他们往往把阅读也安排在时间计划里，让孩子每天定时看书。其实，对于真正热爱阅读的孩子来说，书是自然融入生活的，阅读是生活中的一部分。其可能在晚饭前的空闲时间里随手拿起一本书来看；可能在作业写累了时，拿起书看几页，边看边休息；可能是在睡前看一会儿书放松一下。随时想读、能读是非常好的状态。

当然，躺在床上看书的习惯确实不好，父母可以告诉孩子把躺在床上看书改为坐在床上看书。尽管如此，父母一定注意不能把阅读变成必须在某个时间在书桌前正襟危坐的活动。没有一个孩子乐意在上了一天学之后还有一节“阅读课”等着他。

在一些父母看来，这种形式的阅读好像既没计划又没效率，但实际上，孩子有他自己的内在逻辑：可能反复研读某章节，跨书追寻问题答案，或围绕新话题展开主题阅读。父母尊重孩子的这种自主性，不强行固定阅读时间和地点，不推荐必读书目，孩子方能在自由探索中构建专属阅读世界。对大部分孩子而言，这种“散步式阅读”恰是最富乐趣的成长方式。

父母还需注意，孩子阅读的成效是潜移默化的。看完一本书，父母也许看不到孩子有明显的收获，但读过几十本、几百本之后，效果自然会显现出来。如果孩子每看完一本书，父母都要问他记住了什么，会让孩子倍感压力、产生抵触情绪，这样不仅干扰了孩子阅读和思考的节奏，更让孩子误以为阅读是为了让父母高兴。

值得注意的是，许多父母困惑于孩子难以进入沉浸阅读的状态，而导致这一问题的原因主要是孩子缺乏“心流”体验。积极心理学家米哈里·契克森米哈赖在《心流：最优体验心理学》一书中指出，心流是人们在做某些事情时全神贯注、投入忘我的状态。在这种状态下，人们甚至感觉不到时间的存在。事情完成后，人们会产生一种充满能量且非常满足的感受。米哈里·契克森米哈赖发现心流的产生往往与以下八种因素相关：面临一件可完成的事情；能够全神贯注于这件事情；这件事情有明确的目标；这件事情有即时反馈；能全身心投入行动之中；充满乐趣的体验使人觉得能自由控制自己的行动；进入“忘我”状态；时间感会改变——几小时犹如几分钟，几分钟又可能带来像几小时那样丰富的体验。

对阅读这件事而言，父母真正要做的是为孩子创造能让他沉浸其中的条件，帮助孩子获得心流体验，从而使其愿意主动阅读，而不是执着于训练孩子形成某种习惯。唯有给予孩子适当的自主空间，孩子才能通过阅读获得真正的成长动能。

阅读让孩子看见更广阔的世界

阅读虽是简单的习惯，却是人生的无价之宝。它不仅能帮助我们感知真正的美好，更能引导我们理解人类文明中不同的价值体系，丰富内心体验与生命厚度。它让我们拥有坚实的内心和不易撼动的信念，支撑我们勇敢面对人生的喜乐与艰辛。宋真宗赵恒在《劝学诗》中写道“书中自有千钟粟”“书中自有黄金屋”“书中自有颜如玉”，虽有着浓厚的功利主义色彩，但因其生动形象的比喻而广为传颂，激励无数寒窗学子通过阅读改变命运。这种追求客观上形成了“阅读—立身—济世”的良性循环，让知识报国成为可能。

书籍构筑的精神世界，弥补了我们人生短暂的局限。那些未曾亲历的风景、未能体验的情感，皆可通过文字获得共鸣。试问世间还有比书籍更珍贵的财富吗？阅读为孩子开启价值观的启蒙：在文字展开的天地间，他们逐渐确立人生目标与理想，充满无限可能的未来使他们满怀激情。这种对未来的憧憬，正是滋养生命成长的源泉。

我真诚地希望每一个孩子都能明白，阅读是人生大事，关乎个人成长和生命之美。沉浸书海者，收获的不仅是知识的财富，更是超越庸常的精神自由。阅读让我们挣脱琐事的桎梏，抵御生活的平庸。当文字点亮曾经的黑暗时，那种豁然开朗的顿悟，恰似攀登思想高峰时瞥见更辽阔的天际——这正是人类不断求索的动力。

阅读本质上是思维的重构过程，涵盖理解、批判、内化与创造等环节。善读书的孩子往往具备更强的语言表达能力与情绪管理能力。他们在阅读中培养的视野、格局与抗压韧性，将成为其应对人生挑战的底气。更重要的是，阅读为其品格形成与智力发展提供了丰沃土壤，为其终身发展创造了条件。

阅读的过程说到底是一个体认外物、认识自我的过程。一个人的直接体验是有限的，大量的认知必须通过阅读来实现。最初，小孩子通过认知卡片，知道每一个事物的名字；继而不满足于简单的认知，喜欢上听故事，在大人温暖的怀抱里想象着故事描述的生动画面；识字后，许多孩子不再依赖成人，主动通过阅读去认识世界、了解社会、找到自我。因此，阅读不是平面的，而是立体的；阅读不是功利的，而是生活的一部分。阅读关乎孩子的成长。孩子的世界简单而美好，他们从书中获取更多的知识，获得无所限制的想象空间。孩子在书中寻找的不仅是问题的答案，更是情感的共鸣与想象的翅膀——这正是阅读超越功利价值的本质。

当下，“全民阅读”虽成风尚，但人们对儿童阅读的认知仍有限。多数人仅将其视为提高语文成绩和获取知识的工具，却忽视了阅读对人格塑造的深远影响。董宇辉之所以能成为“带货直播”界的一股清流，得益于他的博览群书与出口成章。而他信手拈来的诗词哲思，源自经年累月的阅读积淀，正所谓“读书的回报或许迟到，但从不缺席”。

当然，阅读的意义远远不止于读书、识字、完成一道道语文卷子上的阅读理解题。至于“儿童为什么要阅读”这个问题的答案，众说纷纭，莫衷一是。加拿大学者李利安•H. 史密斯在儿童文学理论经典著作《欢欣岁月》中有这样一段话：“对儿童来说，读到一本好书，是一种特殊的体验。愉快地享受了阅读的儿童在此过程中得以成长，个体的身份也注入了新的内容。这样的儿童将更容易接受新的理念与印象，这一切都将照亮接下来的全新历程。儿童获得了某种持久永恒的东西，没有谁能将它夺走。”热爱阅读并把自己的学生也引上阅读之旅的唐娜琳•米勒在《书语者》一书中说：“我希望我的学生能像终身读者那样，体会到阅读的回报就是阅读本身。阅读犹如生命中的一门大学课程，拓展我们无数领域里的词汇和背景知识；阅读可以带我们穿越到离开书本就永远无法抵达的地方；阅读帮我们找到有着同样问题的朋友，他们能就如何解决这些问题给出建议；通过阅读，我们可以见证所有属于人类的高尚、美丽或冷酷；通过书中人物，我们学习如何待人处事；最重要的是，阅读是一种共享行为，它把你和其他读者联结在一起，你们志同道合，经历同样的旅程，同样的奇境，也同样因这些体验而改变。”

阅读有助于培养孩子的学习能力

在人类历史上，知识的累积从未像近100年这般惊人。数据显示，1961—1981年累积的知识量，已接近此前2000年的总和；而1981年至今，知识总量又增长了近一倍。这种指数级增长态势是前人难以想象的。知识的快速累积与科技的突飞猛进，使得科学家甚至不敢对未来进行超过五年的预测。

在知识爆炸的背景下，孩子必须培养适应未来社会变革的核心能力。依赖机械记忆的传统学习模式已显乏力，新时代更强调信息检索、系统整合、实践应用与创新突破的综合素养。唯有具备综合素养和自主学习能力并践行终身学习理念的个体，才能在时代洪流中立足。而这些恰恰始于儿童期阅读习惯的养成——通过广泛课外阅读建构知识体系。

教育学家苏霍姆林斯基的实证研究揭示，阅读越早，对智力发展越有益。孩子学会阅读，慢慢就会练就一种很重要的技能：边阅读、边思考、边领会。儿童文学作家梅子涵则从儿童成长的维度强调：童年短暂，但因为有了优质阅读，孩子的一生都有可能优质。因此，阅读在儿童成长发展过程中具有不可替代性。

教育研究显示，孩子的阅读能力与学业成就呈显著正相关。孩子的阅读经验越丰富、阅读能力越强，越能形成跨学科的学习优势，且早期阅读的影响具有持续性。正因如此，全球教育改革浪潮中，很多国家注重培养孩子的阅读能力。

认知神经科学的研究证实，学习本质上是新旧知识的联结过程，关联能力直接影响知识获取效率。个人的知识储备不仅是综合素质的体现，更是学习能力的基石　　如同滚雪球效应：体积越大的雪球（既有知识），单次滚动吸附的新雪（新知识）越多。这种机制在阅读实践中体现得尤为明显：热爱阅读的孩子凭借广博的知识储备，能快速建立新旧知识之间的联结网络，形成“理解—迁移—创新”的良性循环。

具体而言，阅读对学习能力的促进作用体现在以下五大维度。

信息处理系统化：阅读提供的海量信息能促进大脑形成分类归纳、比较分析的系统处理模式，直接影响孩子学习新知的信心与效率。

差异辨识精确化：通过广泛阅读积累的经验，可以帮助孩子敏锐区分相近概念、相似题型的差异。

把握关键，注重细节：适合孩子阅读的图书一般有丰富的内容。善于阅读的孩子既能找到关键内容，把书读“薄”；也能捕捉到难以注意的细节，把书读

“厚”。这种能力运用到学习上，会使他既能把握学习的关键点，又能关注具体的知识点，可以有效提高学习效率，提升学习效果。

理解记忆协同化：认知心理学证实，深度理解产生的记忆留存率是机械记忆的9倍，而阅读正是训练理解记忆的最佳途径。

需要特别指出的是，真正的阅读能力包含三重维度：从文字解码到多符号系统解读（如图表、流程图），从单一文体到多元文本驾驭（从故事绘本到学术论文），从被动接受到主动建构（自主选择阅读材料并提炼观点）。有的小学高年级学生不能理解社区公告，初中生看不懂图表数据，这实质上暴露了这些孩子在阅读能力方面的结构性缺陷。

值得警惕的是，部分教育机构宣扬“阅读速成”的功利化主张，实质上是对阅读教育本质的曲解。真正的阅读赋能，是通过系统性的能力建构，使孩子既能在学科学习中游刃有余，更具备持续成长的终身学习能力。

阅读有助于提高孩子的思维能力

思维能力是学习能力的核心，无论是儿童还是成人的学习都离不开思维能力。思维能力的训练和提升是一个漫长且困难的过程，需要经过大量的思维训练和实践。而对于善于阅读的人来说，这并非难事，因为阅读活动本身就是需要积极思维的“自学习”活动。

举例来说，一个具备良好阅读能力的幼儿读完一本图画书后，不仅能理解作者所表达的内容，还能较为完整、准确地叙述图画书的内容，初步结合自身的阅读和生活经验，通过多种方式表达对图画书内容的理解，并能将从阅读中获得的经验和知识运用到生活中；同时，幼儿还能对图画书中的人物、主旨形成自己的看法，进行独立的判断和思考。由此，思维能力便在阅读过程中逐渐提升。

通过阅读，人们可以学会如何思考，包括分析、综合、概括等基本思维方式，以及概念、判断和推理等复杂思维过程。同时，人们还能通过阅读学会如何跟随他人的思路思考，因为理解阅读材料的过程，就是跟随作者进行思考的过程。更重要的是，阅读者会通过阅读学会独立思考，从而形成自己的见解。

持续的自主阅读是培养独立思维能力的重要方式，而独立思维能力不仅有助于人们完成学业和终身学习，更是人们不可或缺的重要能力。一个真正热爱阅读、善于阅读的孩子，会自然地与书中的内容互动——发现新信息，并在产生困惑时从书中寻找答案，或通过提问、网络检索、阅读其他书籍等方式解决问题。这个过程，正是发展独立思维能力的过程。

孩子通过阅读获得的独立思维能力自然而然地会被应用于课堂学习。当听老师讲课时，孩子会在头脑中思考老师教授的知识，并找到有疑问的地方，课后向老师请教。这样的学习过程，远比单纯的听讲更为有效。一些父母认为，孩子学得好，主要靠别人教。其实，学习从来都是“自己学”而不是“别人教”。即使老师教得再多、再好，如果孩子不会思考，新知识也很难真正领会。

第五章
读万卷书更要行万里路

了解世界是孩子的必修课，而身临其境是孩子认识世界的有效方式。

旅行不仅为孩子提供了探索世界的机会，更能拓宽他们的视野，培养多元认知能力。

当旅途见闻与认知思考相融合时，眼眸因新鲜事物而明亮，精神因文化碰撞而充盈，生命因多元体验而丰盛，人生因格局突破而蜕变——这正是旅行的价值所在。

每一次旅行都会深化孩子对世界与生命的理解。那些跨越山川的经历、邂逅人文的见闻，终将沉淀为支撑其人生道路的深层认知储备。

眼界奠基人生的高度，见识构筑人生的格局。当行走的里程不断累积，观察的视角持续延展，认知体系便会发生根本性的变化。

而教育的核心在于引领——让孩子形成独立思考的能力，树立远大的理想，建立清晰的人生坐标，养成对社会责任的担当意识。唯有如此，才能为其插上真正的翱翔之翼。

旅行，是一把打开世界之门的钥匙

旅行，可以让孩子知晓，在我们的居住之地五十里、五百里，乃至五千里之外的地方，山、水、房子、人以及生活究竟是什么样的。孩子会慢慢明白：世界上没有任何经过雕琢修饰的美可以取代自然之美。外出旅游时，孩子可能看到湖光山色，可能听到虫鸣鸟啼，还可能闻到树与花的芬芳。还有什么能比这样的童年更让人惊喜、更让人刻骨铭心呢？

其一，旅行可让孩子突破固有的认知边界。两点一线的校园与家庭生活，固然给予了孩子足够的安全感，却也局限了其观察世界的维度。旅行能拓宽孩子的视野，让孩子从多个角度观察世界。想必大家都有过这样的经历：当带着孩子去一个新地方时，孩子总是不停地张望，兴奋又好奇，仿佛发现了新大陆。村上春树说："情愿在异质文化的包围下、在孤立的生活中最大限度挖掘自己的脚下。"这种"挖掘"过程，正是构建多元认知体系的关键。

我女儿的成长经历恰是明证。三岁前的她内向至极，看到客人来访便哭泣躲藏直至对方离开。见孩子如此内向，我便和她爸爸商量，每周末拿出一天时间，带她走出家门，去公园、游乐场或周边县市区的各大景点游玩。寒暑假，我们会安排远距离旅游线路。这一习惯一直坚持到孩子上高中。我坚信，既要读万卷书，也要行万里路。我认为，在女儿的成长过程中，除了阅读外，旅行对女儿的影响最大。说得再多、讲得再好，都不如带孩子出去转转、走走、看看。

女儿产生报考济南外国语学校的想法，源于她初中四年级的寒假我和她跟旅游团去我国台湾旅游。当时旅游团里有个女孩，齐耳短发，很像高中生。于是我问她："孩子，你上几年级了？"她回答："阿姨，我上高三。"我又问："高三？马上要高考了，怎么还有时间出来玩？"女孩说，她已经被上海外国语学院录取了。我好奇地问："还没参加高考，怎么就被录取了？"女孩便给我们介绍起济南外国语学校，说这所学校每年能保送学生进入重点院校，不用参加高考。

从台湾旅游回来后，女儿就想报考济南外国语学校。当时我只是随口答应，并未当真，因为我本不打算让女儿去。女儿从小学到初中，晚上睡觉从来没晚过八点半，但从台湾回来后，她每天半夜一点左右才睡觉。我问女儿怎么回事，女儿说："妈妈，你可别忘了给我报考济南外国语学校。"这表明孩子已经给自己定下了目标。

说到这儿，我特别感谢那次带女儿去台湾旅行。正是那次旅行激发了女儿探索外面世界的兴趣。

其二，旅行，不仅能够开阔视野，还能让孩子游览祖国的大好河山，体验多元的人文环境。这种直观的学习方式往往最为有效。不同地域独特的文化氛围与民俗传统，唯有通过实地探访或深入当地生活才能真正体会——这也正是旅行的核心价值所在。相较于书本知识的单向输入，旅行带来的文化浸润与思想碰撞对孩子的成长促进作用更为显著。

在女儿就读小学三年级时，我利用国庆假期带她深度探访济宁的圣贤故里。尽管她此前曾到访过曲阜"三孔"等景点，但这次我想让她系统了解孔子、孟子等的生平事迹及思想精髓。早在 9 月初，我便与女儿共同制订研学计划，提前研读相关典籍。国庆期间，我们不仅重访了曲阜孔庙（系统学习孔子与子思的哲学思想），还考察了尼山书院（孔子诞生地，现为尼山圣境）及颜回墓（探究其生平与德行）、邹城孟庙（研习“孟母三迁”典故），还有嘉祥曾子庙与武氏祠等文化遗址。开学后，女儿撰写的五篇国庆见闻被选为班级范文朗诵。

其三，旅行还能锻炼孩子的勇气。无论是准备旅行，还是旅行的过程，对孩子来说都是一种挑战，而应对这种挑战需要孩子有足够的勇气。在旅行中，父母要鼓励孩子勇敢地迎接从未接触过的世界。

其四，旅行还能锻炼孩子的独立自主能力。在旅行中，父母不要包办所有事情，可以让孩子参与行程规划、物品整理、路线导航等环节，既能提升其自理能力，也能深化其对旅行价值的理解。

其五，旅行是品格教育的实践场域。景区排队时的耐心守序、餐厅就餐时的文明礼仪、行程中准时作息的习惯养成，这些日常细节都是塑造孩子责任意识与规则观念的良好契机。

其六，旅行是亲子关系的催化剂。在快节奏的现代生活中，父母往往疏于陪伴孩子。假期亲子旅行不仅能创造专属的亲子时光，旅途中的协作与分享更能增进亲子间的情感。那些共同拍摄的照片视频，既是美好记忆的载体，更是家庭情感的见证。

谈到旅行的好处，还有很重要的一点就是帮助孩子建立开放包容的价值观。

人类终其一生都需要对抗一个强大的“敌人”——狭隘。狭隘对国家而言会导致闭关锁国，对民族而言会致使夜郎自大，对个体而言则会诱发自以为是。要培养孩子开放、包容的价值观，关键在于两个途径：其一是广泛阅读，其二是深度旅行。读万卷书不能囫囵吞枣，否则只能培养书呆子；行万里路也不能浮光掠影，否则与走卒贩夫无异。阅读需要深度思考，旅行更需践行“深度旅行”理念。唯有两者相辅相成，方能真正发挥作用。“没有观世界，何来世界观”，带孩子探索陌生地域是让孩子看到真实世界的最直观的方式。当孩子的视野得以拓展时，其胸襟自然会更加开阔包容。

更重要的是，旅行能让人深刻认知生命形态的多样性，体悟人生的无限可能。世间万象交织着美好与缺憾、熟悉与陌生、理解与困惑……每个地域都有其独特的美学与缺漏，正如每个个体都兼具闪光点与局限性。生命的珍贵，正在于其斑斓的多样性与无穷的可能性。无数人在旅行中参悟了人生真谛，寻获了心灵归宿。旅途中的所见所闻促使我们思考：他人为何如此生活？自己又该如何存在？当旅途见闻与认知思考相融合时，不仅开阔了视野、丰盈了精神、深化了生命体验，更可能重塑人生轨迹——当一个人见识过生命的不同形态时，便不会沦为赚钱机器，不再固守某种生活方式为圭臬，不再盲从单一声音，不再机械执行他人指令……简言之，他将成长为具有独立思考、独到见解、独立尊严与自主追求的完整个体——这正是旅行的最大价值所在。

总而言之，旅行是最直观有效的认识世界的方式，让我们直面真实世界与生活本相，收获鲜活丰沛的人生体验。这不仅对孩子意义重大，对成年人而言亦是认知和能力提升的重要途径。通过旅行，我们得以突破认知边界，在天地辽阔中重新校准生命的坐标。

见多才能识广

家庭教育的目标不仅在于将孩子送入名校，更在于培养其终身发展的核心能力。为此，父母应当通过多元化认知体验，引导孩子建立正确的世界观与多元的思维方式。这种认知储备将深刻影响孩子未来的人生抉择。

俗话说："读万卷书，行万里路。"旅行是帮助孩子增长知识、开阔眼界的有效途径。很多父母希望通过游学使孩子见多识广，然而旅行的真谛不止于此。相较于单纯地拓宽视野，更重要的是通过旅行进行引导教育：在陌生环境中培养应变能力，于文化差异间塑造包容心态，面对突发状况时锻炼解决问题的能力。这种浸润式的成长体验，恰是家庭教育的精髓所在。

关于旅行的引导教育，主要分为两个维度。

一、知识维度的引导教育

在家庭教育中，旅行的核心价值在于其教育功能，其中知识引导功能尤为重要。父母带孩子旅行不应仅停留在情绪释放或压力缓解层面——这些并非孩子成长的核心需求，而旅途中的所见所闻能有效丰富孩子的知识储备，为其终身发展奠定基础。

二、思维维度的引导教育

父子带孩子旅行不应局限于景点打卡与游乐消费，更应对孩子的思维发展进行引导。例如，在旅行时，引导孩子对某些见闻发表看法、参与行程规划、关注旅行中的心理变化等。思维维度的引导教育，不仅能深化孩子对旅行价值的理解，更能有效提升其逻辑思维与创新意识。

儿童作为可塑性最强的群体之一，其认知边界亟待拓展。研究表明，同等年龄的儿童中，具有丰富旅行经验者往往展现出更卓越的社交能力与视野格局。这种差异印证了儿童早期旅行的必要性。值得注意的是，旅行并非等同于跨国远行，短途出行也是旅行，其关键在于通过有计划的外出活动拓宽孩子的视野。

如果孩子从小一直生活在城市，其日常活动范围往往相对有限，他们走得最多、最远的路线通常是穿越繁华的街道往返于家和学校。对于城市中的孩子来说，周末的短途旅行也完全可以在城市中实现。父母即便工作繁忙，也应尽量利用周末时间带孩子去近郊游玩：春天踏青、夏天戏水、秋天采摘、冬天打雪仗，既能增进亲子感情，又能共享美好时光。动物园和植物园也是理想选择——这些城市基础设施本就是为满足无暇远行者的探索需求而建。在动物园里，孩子们不仅能近距离观察各类动物，还能接触日常生活中难得一见的新奇生物，这种感官刺激对促进孩子大脑发育大有裨益。通过了解动物特征、参与喂食互动，更能培养孩子对新事物的直观认知能力。而常被忽视的植物园同样适宜孩子游乐，园区内优质的空气质量与随季节更迭的植物荣枯变化能帮助孩子锻炼感知环境变化的敏锐度。

除自然生态场所外，城市中的科技馆和博物馆也值得造访。了解科技发展历程，接触历史文化遗存并学习相关典故，这些体验将给孩子带来新奇难忘的认知冲击。我带孩子出游时，每到一个新城市必去当地的博物馆与科技馆。

更具成长价值的去处还包括游乐园和图书馆。前者通过娱乐活动释放孩子天性，后者则以文化浸润培养孩子的阅读习惯——即便孩子幼时缺乏旅行机会，也能通过阅读增长知识、拓展思维。此外，城市中定期举办的画展、亲子体验营、艺术演出、读书会等活动，同样是开阔孩子视野的重要渠道，可促使孩子全面发展。

由此可见，“旅行”的内涵远比字面意义丰富。只要孩子走出家门，以开放的心态感知世界、了解社会，这种体验式成长便能帮助他们更好地适应现实环境，更好地培养综合素质。

总而言之，对孩子而言，旅行无疑是开拓视野、增长见闻的有效途径。旅途中所接触的新事物，往往能激发孩子对世界的好奇心与探索欲，这种成长对学业发展同样大有裨益。

以我的女儿为例。她在初中阶段就曾两度通过自主申请参加哈佛大学国际中学生论坛——该论坛每年在全球仅遴选600名参与者，入选者需在世界级中学生竞赛中获一等奖，或在所在国国家级竞赛中拔得头筹。2017年迪拜世界能源峰会期间，女儿更是作为中国唯一的中学生代表全程参与。

在哈佛大学国际中学生论坛中的见闻深刻改变了女儿的认知。面对通晓多国语言的同龄人，她首次萌生了海外留学的念头，但深知家庭经济条件有限而未敢言明。直到高二暑假第二次参会归来，她才郑重地向我提出赴美求学的决定。作为母亲，我知道女儿的这个选择绝非一时冲动——她已为此准备了三年。

我首先联络了在美国一所大学任教授的远房舅舅，安排女儿与舅舅视频沟通。经过深入交流，舅舅明确告诉我："孩子的学术能力和心理素质完全可以适应海外教育体系。"这也让我吃下了"定心丸"。在咨询多位教育专家获得支持后，我毅然出售房产筹措女儿的留学资金。

在舅舅的协助下，女儿成功申请到范德堡大学附属中学插班。该校严格控制国际生的比例(不超过5%)，当年中国籍学生仅招收了女儿一人，随班就读高三。临行前，我与女儿彻夜长谈，分析可能面临的各种困难和挑战。女儿说："妈妈，我不害怕。我选择了，就不会害怕，不会畏惧。"事实证明，女儿确实适应得很好。

大学申请季见证了女儿的蜕变：她独自辗转全美十几个城市参加大学面试，常在车站通宵候车，有时一天睡眠不足四小时。这段经历彻底改变了我们的"美国大学轻松易读"的错误想法——优质教育资源的获取，向来与辛勤付出成正比。

所幸功夫不负有心人，女儿最心仪的南加州大学(USC)的录取通知书如约而至。不仅亲友欢欣鼓舞，连女儿在美国寄宿家庭的邻居们都特意为她举办庆祝派对。如今回望过去，正是那些旅行种下的种子，让女儿的梦想在异国他乡绽放出绚丽的花朵。

眼界决定人生高度

这是一个信息丰富、旅行便利的时代。

阅读使人增长知识，旅行令人拓宽视野。每多一次旅行，孩子就会对人生、对世界多一份认知。旅途中的见闻与经历，终将积淀为生命中最坚实的底蕴。正如诗人余光中所言，旅行会改变人的气质，让人的目光变得更加长远。在旅途中，你会看到不同的人有不同的习惯，你才能了解到，并不是每个人都按照你的生活方式在生活。旅行的真谛不在终点，而在沿途相遇的风景与人情。当我们困囿于单一环境太久，感知力便会日渐钝化。旅行恰似一剂良药，让我们在异乡的初雪中重拾童真，在陌生的街巷里唤醒沉睡的心灵。

旅行中，令人驻足的或许是名山大川，或许是古迹遗存，但真正让人眷恋的，永远是滋养这方水土的芸芸众生。不同的民族有不同的习俗、信仰与文化，构筑起超乎想象的丰饶世界。那些你未曾领略甚至闻所未闻的存在，正在悄然重塑你的认知；那些被生活的风霜打磨得坚硬的心茧，在异乡人真诚的凝望中渐次消融；那些百思不解的困惑，在某个瞬间豁然开朗——陌生人的眼神、温暖的握手、短暂的邂逅，都在告诉你，这个世界真的很大；那些苦苦追寻的答案，或许就藏在一阵拂过古刹的风里，隐于市集此起彼伏的乡音中。

于是改变悄然发生：你的眼神愈发清澈温柔，唇角常驻笑意。当自我与世界达成新的共鸣，你便成了美好人间不可或缺的一员。

在家庭教育中，父母带孩子旅行可以让孩子了解不同地域的风土人情和文化特质。这些多元信息逐渐打破孩子已有的思维定式，孩子在增长知识的同时逐渐培养形成多维度的思考方式，不仅能使孩子在分析问题时兼顾多重视角，更能使他们在认识社会、探索世界过程中展现出更强的规划意识、更高的执行效率与全局把控能力。这种认知升级本质上是对世界观的重塑。每一次旅程都是认知的叠加，当量变累积到质变临界点时，孩子的生命体验便获得了真正的维度跃迁。

旅行能让孩子在探索中成长，学会独立思考，并塑造一个全新的自我。我与女儿在旅途中曾邂逅一位济南外国语学校的女孩。正是这位同龄人带来的信息，为女儿的世界打开了一扇新的大门。自此，女儿便循着这束光坚定前行。求学之路虽充满艰辛，但她始终以顽强的毅力克服重重障碍，最终实现了理想目标。

旅行不仅能让孩子认识世界，更能让孩子审视自我。对孩童而言，旅行能让他们发现未知的自我。当孩子需要独立规划行程、与人交流协作时，那些未曾经历的挑战便成为成长的阶梯。孩子在旅途中会遇到形形色色的人，感受不同地方的乡土人情和特色文化，这些独特体验潜移默化地培养着孩子的文化包容力，使他们更能理解多元文化。

应对旅途中的突发状况时，孩子需要主动与形形色色的人沟通。无论是寻求帮助还是结交玩伴，都需要他们突破舒适区进行有效沟通。这种社交能力在校园生活中也大有用处。因此，父母在旅途中应鼓励孩子积极交流，广交朋友。

古人云："读万卷书，行万里路，胸中脱去尘浊，自然丘壑内营。"旅行以生动的方式丰富了孩子的知识，开阔了他们的眼界。这种改变或许不会立竿见影，但当脚步丈量过足够多的土地，当目光触及过足够广的天地，思维的高度便在不经意间悄然提升。读过的书，看过的风景，就是你的格局。不读书，不明白书中的道理；不行路，不知道路在何方。更为重要的是：虽然生活很现实，但旅行给了我们期待和希望，让平凡的生活多了一份色彩和光亮。行走在广阔的世界里，我们的内心更加丰富，即使深陷泥泞，也依然可以仰望星空。

旅行是一种成长方式

古人云："读万卷书，行万里路。"对于孩子而言，除了勤勉读书外，更应通过旅行开阔眼界——让心灵随风远行，方能装下更广阔的天地。有的父母认为，孩子足不出户便可通过书籍遍览世界。实际上，"坐地日行"实不可取，读书与旅行亦无法互相替代。读万卷书能让孩子开启认知世界的窗口；而多走走看看，亲身感受和经历，与多读书同样重要。因为，"只有见过世界的广阔，才能感受到自己的渺小"。旅游网站"赤脚游民"的创始人米奇•科斯曼如是说。科斯曼来自加拿大，有两个孩子。在她看来，旅行能让孩子学会珍惜自己的生活。一个人的见识，在行走与经历中不断积累。孩子平日的生活节奏稳定，接触的人、事都与自己关系密切，而出门旅游能让孩子体验不同的环境，接触新事物。孩子去过的地方越多，见识越广，越能看到世界的多面，越能感受到幸福生活的来之不易。科斯曼说，只有让孩子走出去看看，他们才会发现，与很多贫困地区的孩子相比，他们现在面临的许多问题都不算什么。

旅行的魅力在于其未知性。在外难免遇到一些意料之外、难以掌控的事，例如，航班停飞、行程取消或者重要文件丢失。而每次突发事件，对孩子来说，都是一种挑战。父母不可能永远是孩子的避风港，有的事情需要孩子自己去面对，亲子游的目的正是在可控的范围内让孩子得到最多的锻炼。马克•吐温说，旅行是偏见、偏执、狭隘的终结者。人的一生如果永远蜷缩在一个偏僻的角落，将无法形成广阔、健康、富有爱心的世界观。旅行是一种成长的方式。在旅行的过程中，孩子能发现更多，思考更多，更了解世界，从而以更开放的心胸接受新事物和新观念。正如有人所说，一个人生活的广度决定了他的优秀程度，而他从小开始的旅程就是扩展生活广度的起点。

旅行对于父母来说，是工作之外的放松；对于孩子来说，却是一次不一样的学习体验；而对于家庭来说，更是一个和睦相处的好机会。以下四类目的地尤其值得推荐。

一、名胜古迹

名胜古迹，往往是亲子游的热门景点。在参观名胜古迹的时候，父母除了要教导孩子不乱涂乱画、遵守文明参观的守则外，最重要的是引导孩子关注其蕴含的历史文化知识。中国作为拥有五千年历史的文明古国，每处古迹都是鲜活的历史教材。父母若在参观时能给孩子普及相关的历史知识则不枉此行。

二、文博场馆

图书馆与博物馆堪称文明的殿堂。如今多数文博场馆免费开放，是培养孩子人文气质的绝佳场所。

三、科技场馆

科技场馆是孩子了解科学知识的好地方。通过参观各种科技展览，观看科学实验，孩子可以了解许多科学现象和科学原理，从而增加知识储备，激发好奇心，培养探索未知世界的兴趣。孩子在互动参与中不仅能积累科学知识，更能培养创新思维与实践能力，这正是传统课堂所不具备的优势。

四、田园乡野

生活在城市里的孩子，有的甚至十几岁了，都不知道粮食是怎么生产的，只知道从超市里能买到。父母要经常带孩子去农村体验生活，见识一下农作物如何生长、家畜如何养殖、水果如何种植。春暖花开，带孩子观察蜜蜂采蜜；金秋十月，带孩子看丰收的田野。当孩子亲眼见证农民伯伯“粒粒皆辛苦”时，勤俭的美德自会在心中生根发芽。

三毛说，旅行真正的快乐不在于目的地，而在于它的过程。遇见不同的人，遭遇到奇奇怪怪的事，克服种种的困难，听听不同的语言。现在的中国，已非往昔可比。时代在悄然改变，作为父母，我们也应该多学习，才能跟上时代的步伐。所以，自己的孩子喜欢玩，不见得就是不喜欢学习和不努力的表现。让孩子在“玩中学、学中玩”，激发学习动力，才是最重要的。旅游过程中，孩子走出眼前的方寸天地进入大千世界，激发对成长的渴望。一些父母为激励孩子好好学习，考取理想大学，会特意带着孩子去那些名校所在的城市旅游，让孩子亲身感受行走在大学校园里的感觉。这样的切身感受和体验，会在一定程度上激励孩子努力学习，勇往直前，点燃孩子的内生动力。

真正的教育不应囿于方寸课堂。当孩子们走出“井底”，方知天地辽阔；历经跋涉，乃懂坚持可贵。旅行这种体验式成长方式，恰似打开世界的钥匙，让每个年轻的生命在行走中遇见更好的自己。

第六章
培养孩子自主选择的能力

曾任谷歌、微软全球副总裁的李开复说:“在今天这个瞬息万变的时代里,人们对人才的定义已经发生了很大的变化,因为在现代化的企业中,有更多的人享有决策的权利,有更多的人必须在思考中不断创新,也有更多的人有足够的空间来决定要做什么、要怎么做……大多数人的工作不再是机械式的重复劳动,而是需要独立思考、自主决策的复杂过程。……要想在现代化的企业中获得成功,就必须努力培养自己的主动意识,在工作中要勇于推销自己的能力,在领导或同事面前要善于表现自己的优点。作为当代中国的青年一代,你应该不再只是被动地等待别人告诉你该做什么,而应该主动去了解自己要做什么,并且规划它们,然后全力以赴地去完成。”

是的,随着时代变迁,今时已不同往日,现在的社会是“自主选择”的社会,人们拥有更多的选择。对于现在的孩子来说,他们长大后将面对更多的竞争,做出无数的选择,小到穿什么,大到求职就业、婚姻家庭生活。因此,他们需要很强的独立性、责任感、选择能力、判断能力。所以,父母应注重培养孩子的自主选择能力,使其学会“自己的事,自己负责,自己解决”。

尊重每个孩子的个性

什么是个性?个性指一个人的整体精神面貌,即具有一定倾向性的心理特征的总和。

婴儿出生后并没有形成自己稳定的个性,随着年龄的增长、社会化程度的加深,其个性逐渐发展、完善,形成相对稳定的个性。人的个性是在先天的自然素质基础上,通过后天的学习、教育与环境的作用逐渐形成的。这里要特别强调的是，孩子个性的培养与发展主要依靠家庭教育，因为学校提供的是面向所有学生的基本教育，老师无法无微不至地观察、发现和培养孩子的个性。

父母不管采用何种方式教育孩子，都应该以尊重孩子的个性为前提。换句话说，家庭教育要基于对孩子个性的尊重。正如苏霍姆林斯基所说："在每个孩子心中最隐秘的一角，都有一根独特的琴弦，拨动它就会发出特有的音响，要使孩子的心同我讲的话发生共鸣，我自身就需要同孩子的心弦对准音调。"因此，父母需要注意的是，在与孩子进行交流的时候，不要盲目地自说自话，也不要对所有孩子都采取"一刀切"的方式，更不要把别人教育孩子的成功经验套用到自家孩子身上。如果父母把自家的孩子变成了流水线上的商品，要求孩子在每个方面都符合社会的评判标准，那么孩子就会失去个性，这样的家庭教育是矫枉过正的。

在个性被尊重的家庭环境中成长的孩子往往具备显著优势：其一，有较强的独立性。孩子往往具有较强的自主意识，自主决策并付诸实践，且清楚自身的优、劣势。其二，专注力和创造力强。做一件事，有兴趣才能全力以赴。个性被尊重的孩子会全身心地投入自己感兴趣的事情，注意力特别集中，由此产生的深度思考往往会孕育出创新性成果。其三，有较强的心理韧性。家庭成员爱的支持铸就孩子的自信心，使其具备勇于试错的底气。其四，人格健全。被父母尊重的孩子身心比较健康，焦虑、抑郁等心理问题的发生概率相对较低。因此，父母要学会尊重孩子，给孩子足够的个人空间和自由发展空间，让孩子有独立的思考能力，以使孩子更加自信、更加阳光地生长。

从更深层次而言，尊重本质上是信任的教育智慧。信任能激发孩子的自我效能感，培养其理性决策能力；信任意味着父母不把自己的要求强加于孩子，而是鼓励孩子发表自己的意见；信任更意味着父母把孩子看作可以进行"自我管理"的独特个体。

值得强调的是，个性培育需要知识的支撑。让孩子学习更多的知识，扩大孩子的知识面，拓宽孩子的视野，才能使孩子的个性得到充分自由的发展。

最后，与大家分享一个观点——遵守底线是共性，因材施教是个性。智慧型父母不是预设孩子的人生轨迹，而是陪伴引导孩子学会抉择。也就是说，父母应牵着孩子的手一起成长，让孩子去经历和体会，在自我抉择中更加愉快地成长，在保有个性特色的前提下成为优秀出色的人。要让孩子明白人在成长过程中有的东西是必须坚守的，如道德准则、法律规范、文化传承等，这些底线是不可逾越的。

总之，在家庭教育中，父母对孩子真正的尊重，是在赋予其选择自由的同时帮助其构建价值体系——当孩子出现偏差时及时矫正，发现不良苗头时即刻干预，这与压制孩子的天性截然不同。唯有平衡好底线与自由之间的关系，才能培养出既具个性特色又符合社会期待的卓越人才。

让孩子拥有自主选择的能力

本书中的“自主选择”指当孩子与父母产生意见分歧或遇到举棋不定的事情时，父母将选择权交给孩子，让其自主决策并承担相应结果，从而培养孩子的判断力和责任感。在教育过程中注重培养孩子的自主选择能力，既是对孩子个体的尊重，也是塑造孩子健全人格的重要途径。

在现代社会，孩子自主选择能力的培养已成为家庭教育不可忽视的课题。中国家庭普遍存在过度保护现象：父母往往因担心孩子受伤害而包办事务。这种教育模式存在显著弊端，因为父母的过度干预不仅限制了孩子自主选择能力的发展，还削弱了其对事物的探索兴趣，甚至压抑了孩子的天性。

孩子的成长本质上是孩子逐步独立的过程，其慢慢学会独自面对困难和挑战，拥有自主选择的能力，能为自己的选择负责，变得越来越自信。这是我们每个父母都希望看到的。如何让孩子成长呢？其实孩子天生就拥有强大的自我学习、自我探索、自我选择的能力。只是很多孩子刚开始学习、探索时，就被焦虑的父母“叫停”了。由于父母不正确的养育方式，孩子变得无从选择，变得彷徨无助，遇到事情就不知所措，逐渐丧失自主选择的能力，最终成了依赖父母的“妈宝男”“妈宝女”。父母一边抱怨孩子缺乏主见，一边却什么事都要管。

法国社会心理学家古斯塔夫•勒庞有本名著叫《乌合之众》，书中讲述的道理与此类似。当一个人进入一个“乌合之众”式的群体时，常常会放弃自己的思考和判断，盲目地跟随众人行动，也不会考虑自己的行为会产生什么后果。而一个能独立思考的人不会从众，例如，在公共场合，无论同龄人如何吵闹，他都不会吵闹，因为他会思考“我应不应该这样做”，他有自己的原则和底线。

在家庭教育中，父母应把握好培养孩子自主选择能力的时机。其实，孩子在三岁左右就已经有了自我意识。细心的父母会发现，这个年龄段的孩子有时会挣脱大人的怀抱，说“我长大了，我要自己走”；对生活中的很多事情也喜欢自己做，如吃饭时自己放碗筷、摆小凳子，自己洗手。尽管每个孩子独立性的表现不尽相同，但这个年龄段的孩子的认知发展非常迅速。他们会用自己的视角观察世界，会进行独立思考。这也正是父母培养孩子自主选择能力的好时机。那么，父母需要注意什么呢？父母应引导和帮助孩子在日常生活中做出选择和决定。实际上，培养孩子的自主选择能力，并不是对孩子不管不顾，而是教会孩子如何做选择、做决定，并让孩子学会为自己的选择负责。这是一个漫长的过程，也是父母和孩子共同成长的过程。

如果父母在孩子幼年阶段就做好正确引导，培养孩子自主选择的能力，并给予他们充足的爱，那么当孩子面临重要抉择时，便会将父母视为最值得信任的商议对象。此时，父母需要客观地向孩子说明各种选择可能导致的结果，无须刻意夸大问题的严重性，只需清晰阐释其中利弊，继而将决定权交还给孩子。由于孩子最了解自身需求，在父母已充分说明利害关系的前提下，他们完全有能力做出最适合自己的判断。父母应当相信孩子有独立判断力，并成为孩子坚实的后盾——无论结果如何，都用关爱与支持陪伴孩子。在这种宽松、健康的成长环境中，孩子会逐渐建立起自信心，形成独立且有责任感的行事风格。

著名管理学家彼得•杜拉克指出：“未来的历史学家会说，这个世纪最重要的事情不是技术或网络的革新，而是人类生存状况的重大改变。在这个世纪里，人将拥有更多的选择，他们必须积极管理自己。”然而，在中国，不少父母对孩子关爱过度，生怕孩子受一点点伤害。这种过度保护的教养方式，往往导致孩子对父母形成强烈的依赖心理。现实中存在两类典型对比：一方面，许多孩子对分内之事毫无主见，生活起居全凭父母安排；另一方面，部分年龄尚幼的孩子已具有一定的自主选择能力，能够自主规划作息时间、坚持体育锻炼并保持阅读习惯。观察发现，那些相对独立的孩子，其父母都秉持着共同的教育理念——自孩子幼年起便注重从认知、情感、行为等多个层面培养其主动解决问题的意识和能力。我们将这种教育智慧凝练为自主性培养。自主性是指个体在活动中表现出的独立意识和主动精神，具体体现为对自身情况进行理性判断与自主决策的能力。就孩子的发展而言，自主性最核心的表现是能够基于客观认知与价值判断自主做出选择并对结果负责。

那么，如何培养孩子自主选择的能力？

（1）给孩子空间，让其自己往前走。孩子虽依恋母亲的怀抱，但终需学会独立行走。父母应根据孩子的特点与能力，逐步扩大其自由活动空间。如鼓励孩子走出家门，与伙伴一起放风筝、打篮球、逛街等，让其在自主空间中成为自己的主人。

（2）给孩子时间，让其自己去安排。许多父母误以为孩子不具备时间管理能力，事无巨细地安排好孩子在什么时间应该做什么事，孩子只能机械执行指令。长此以往，孩子自主选择的能力永远都无法形成。

（3）给孩子条件，让其自己去锻炼。培养孩子既不能"拔苗助长"，也不能放任自流。父母唯有遵循孩子的成长规律，为其创造锻炼的条件，才能促进孩子自主选择能力形成。

（4）给孩子问题，让其自己找答案。当孩子提问时，直接告知答案看似高效，实则扼杀其思考能力。长期如此，孩子将丧失主动探索的精神，严重影响其思维发展。

（5）给孩子困难，让其自己去克服。"穷人的孩子早当家"揭示了逆境锻炼的价值。在物质条件普遍改善的今天，父母应主动创设具有挑战性的场景，让孩子通过解决实际问题，培养应对困难和挑战的能力与意志。

（6）给孩子机会，让其自己去抓住。机会稍纵即逝，父母应引导孩子提高自己，使自己具有识别机会、抓住机会的能力。这种能力培养将使其终身受益。

（7）给孩子挫折，让其自己去克服。挫折是孩子成长过程中不可避免的拦路虎。当孩子遭遇挫折时，父母应指导其直面问题、自主解决，而非越俎代庖代替其解决。这个过程正是培养孩子社会适应能力的关键。

（8）给孩子权利，让其自己去选择。父母过多替孩子决策会严重损害其自主性。明智的父母懂得尊重孩子的意见，通过共同商议的方式协助孩子做出正确选择，同时注重培养孩子的责任意识，使孩子既学会选择，也懂得坚持。

这些教育策略的系统实施，能有效培养孩子的自主选择能力。实践中，父母还需与孩子保持良性互动：及时鼓励、客观评价、适时提出新目标，推动其持续进步。人的成功不仅取决于天赋，更在于能否做出正确选择并为之努力。然而，现实中却存在大量"巨婴"现象：从课外班选择到职业规划，从社交关系到婚姻大事，父母全程包办。这直接导致年轻人丧失选择能力，面对人生重大抉择时茫然无措。若想避免子女陷入这种困境，父母必须学会适时放手。毕竟，选择往往比努力更重要——不同的人生方向，终将塑造截然不同的生命轨迹。

让孩子掌握选择的主动权

父母要培养孩子的自主选择能力，使其尽早独立，必须让孩子掌握选择的主动权。

一、父母要学会退让

美国心理学家鲍姆琳德对父母的教养方式进行了研究，归纳出两个核心维度：一是父母对孩子的要求与控制程度，二是父母对待孩子的情感态度。由此形成两种类型的父母：专制型父母和顾问型父母。专制型父母往往对孩子要求严苛，秉持“不以规矩，不能成方圆”的理念，要求孩子完全遵循自己的规划，忽视孩子的个人意愿和情感需求。这种教养方式下成长的孩子，容易出现焦虑、退缩等心理状态，同时缺乏学习内驱力。与之形成对比的是顾问型父母，他们既对孩子有所期待，又充分尊重孩子的自主权，通过积极沟通与孩子共同制定目标，允许孩子自由表达观点。在这种环境下成长的孩子，能够感受到被尊重与被爱，遇到困难时更愿意与父母协商，同时具备更强的独立性和问题解决能力。

从专制型父母向顾问型父母转变的第一步，是父母要学会适当退让，将选择权交还孩子。部分父母存在认知误区，认为“成功的路径是独木桥，孩子决不能落后”，因此，他们拼命地赚钱买学区房，希望孩子上名校，逼着孩子去上各种补习班。其实，孩子有自己的人生，不是所有的事情都必须按照父母的想法来进行。明智的父母的做法是向孩子阐明各种选择的利弊，最终让孩子自主决策。

当孩子做出选择时，父母应予以充分尊重。现实中，很多父母因“爱之切”而难以接受孩子的决定，这种行为不仅损害了亲子之间的信任，更会抑制孩子自主意识的发展。真正的智慧型父母能够平衡爱与理性，通过顾问式的引导而非命令式的控制，引导孩子进行自主选择并能勇于承担选择的结果。研究表明，顾问型父母培养的孩子往往更自律，亲子关系也更和谐。

二、学做顾问型父母

如何学做顾问型父母呢？最重要的是做好以下两点：一是在孩子不需要时不插手，二是把选择的主动权交给孩子。

许多父母常陷入“越位”误区：在孩子具备自理能力时（如自主进食），因担心效率或整洁度等而替孩子代劳；对孩子的学习过程过度干预，反而引发孩子的逆反心理。这些问题产生的根源在于父母未能区分自身与孩子的责任边界。明智的父母的做法是：在生活琐事（如什么时候写作业、去超市买什么、穿什么衣服、要不要去同学家等）方面给予孩子充分的决策权，让孩子通过自主选择培养独立思考能力和行为调控能力。

《教育的常识》指出："一个在自由和肯定中长大的孩子，他内在的生命力量良好生长，使他有力量把握自己，获得了支配自己的自由。"父母应多使用"我相信你能做出正确的选择""你可以自己决定"等鼓励性话语，让孩子在实践选择、承担后果的过程中建立责任感。这种自主意识的觉醒将激发孩子的内驱力，促使孩子主动规划自己的人生。

需要强调的是，顾问型父母对孩子并非放任不管，而是在关键节点为孩子提供支持。当孩子面临重大抉择或出现危险倾向时，父母应通过利弊分析给予其指导，同时在安全范围内为其设立选择边界。这种"有所为有所不为"的教养策略，既能保护孩子，又能培养其决策能力。

做顾问型父母，教会孩子如何做选择，比直接帮孩子做事、做决定难度更大。这需要父母具备足够的耐心以及丰富的知识储备，为此，父母要坚持学习，不断自我成长。当孩子遇到困难或犯错时，父母不应简单责骂，而应首先理解和接纳孩子的情绪，给予其充分的关爱与支持，并与其共同分析事情的前因后果，探讨解决方案。父母要帮助孩子客观分析问题的利弊得失，引导其做出恰当选择。家庭教育的根本目的是使孩子能够自食其力，成长为对社会有价值的人。如果孩子连基本的选择能力都不具备，又如何应对复杂的社会环境？毕竟父母无法永远庇护子女，未来终究要靠他们自己前行。

复旦附中原校长谢应平曾提道："我发现学生当中凡是发展的比较全面的，有自己想法的，都是家庭比较民主平等的，父母和孩子是讨论式、启发式的，不是灌输式、压制式的。"成为顾问型父母，意味着拒绝包办与控制，在"有所为有所不为"中，逐步培养孩子的独立思考能力和分析判断力。如此培养的孩子，终将成长为有主见、有担当的个体。

养育孩子不仅需要爱心，更需要教育智慧。期待每位家长都能践行顾问型父母的理念，用理性思考与自我反思取代焦虑与控制，真正成为孩子成长道路上最坚实的伙伴。

三、帮助孩子建立自信心

顾问型父母虽不替孩子做决定，但当孩子面临选择时，会帮助孩子建立自信心并培养其责任感。事实上，除了孩子自身，没有人比父母更了解孩子的特质与需求。父母需让孩子意识到，他们完全有能力为自己做出最佳决策；同时也要让孩子明白：每个选择都需承担相应的责任。

部分父母担忧将决定权交给孩子会导致其任性妄为，实则不然——孩子同样渴望有序的生活，关键在于父母需通过信任与鼓励引导孩子做正确的选择，走正确的路。

孩子的潜力是无限的，父母应相信他，支持他，鼓励他。若一味否定或打击，只会扼杀孩子的探索欲与创造力，使其逐渐丧失自信，形成“我不行”“不可能做到”的消极思维，甚至养成过度依赖父母的习惯。父母唯有放手让孩子自主选择与决策，并始终坚定地信任孩子，孩子才能在实践中积累经验，最终成长为独立、自信的个体。

四、帮助孩子形成自主选择的能力

如前所述，父母教会孩子选择至关重要。以下两个简单有效的方法可供借鉴。

一是利弊分析法。“两利相权取其重，两害相权取其轻。”具体操作是在纸上画出T形图，左右两侧分别列出某件事情的利弊：左侧详细罗列所有的益处，右侧清晰标注可能产生的弊端。待所有利弊梳理完毕后，系统比较两栏内容。若利大于弊则将此事付诸行动，若弊大于利则果断放弃。

二是时间象限法。将待办事项按“重要且紧急”“不重要但紧急”“重要但不紧急”“不重要且不紧急”四个维度进行分类。依据事项的优先级制定执行顺序，既能提升效率又可确保要务优先处理。

总之，父母应主动创造机会培养孩子的自主选择能力，遇事多倾听孩子的意见。当孩子做出正确选择时，要及时给予支持并鼓励其为目标持续努力。对于孩子错误的决策，父母切忌简单否定，而应通过耐心引导帮助孩子分析利弊。即便孩子未采纳建议，只要不涉及安全隐患，不妨让其亲历“碰壁”过程——这种亲身体验往往比说教更具教育意义。尤其是青少年已具有较强的自主意识，若父母强行灌输观点易引发抵触情绪。须知“纸上得来终觉浅，绝知此事要躬行”，实践中的挫折终将转化为成长养分，助力孩子在未来做出更明智的人生选择。

兴趣是学习的强大动力

兴趣是最好的老师，更是学习的强大动力。通过有意识地培养孩子的兴趣，使其自觉、主动地完成学习任务，往往比父母强迫学习效果显著得多。然而现实中，父母干涉孩子兴趣的现象普遍存在，这种行为将对孩子的成长发展产生诸多负面影响。

一、父母过度干涉孩子兴趣的危害

父母过度干涉孩子的兴趣可能导致其形成错误认识，孩子可能因此否定自己的判断能力，产生自我怀疑，进而形成盲从性格与自卑心理。

部分父母习惯将个人意愿强加给子女，表面上以培养兴趣为名，实则寄托自己未竟的理想抱负。这类父母既不愿深入了解孩子的真实喜好，也不倾听孩子的真实想法。这种单方面强加的行为不仅难以取得预期效果，还容易引发孩子的逆反心理——孩子既难以坚持学习，更会因感受不到理解与尊重而产生对抗情绪。

父母应清楚一件事：在兴趣的引导下，孩子会学得更轻松、更快乐。孩子做自己喜欢的事的时候，往往表现出惊人的专注力与持续的热情，学习效率显著提升。反之，若忽视孩子兴趣强行安排学习内容，不仅会使孩子错失发展特长的机会，造成时间与资源的双重浪费，更可能引发孩子的厌学情绪。

二、培养兴趣的原则

1. 发现孩子的优势潜能

培养孩子兴趣的基本前提是孩子对此有浓厚兴趣并有优异表现。父母在观察孩子的过程中需要准确辨识孩子在各类行为活动中的表现，通过科学评估和横向对比，确认孩子在特定领域的天赋潜能，从而为后续兴趣的培养明确方向和目标。

2. 持续激发参与热情

对于感兴趣的活动，孩子会产生强烈的参与热情。这种内驱力能够促使孩子持续投入，而活动过程中获得的成就感又会进一步强化参与热情，形成良性循环。父母应通过创造积极环境、提供优良资源等方式，为孩子保持这种热情“添柴加薪”。

3. 保持非功利化心态

父母在为孩子选择兴趣班时，需警惕过度理想化的倾向。不宜因孩子学习声乐就预设其会成为歌唱家，接触绘画便期待其会成为美术大师。这种功利化思想容易导致揠苗助长，使兴趣异化为负担。应引导孩子将兴趣爱好视为生活调剂品和心灵滋养品，而非必须获取奖项认证的竞技项目。

4. 专注核心特长发展

因精力有限，父母可以为孩子精选一至两项兴趣进行深度学习。通过专业化、系统化的训练，帮助孩子在特定领域达到精熟水平，体验兴趣活动带来的成就感。通常建议选择“一动一静”的兴趣组合模式，如一项体育特长搭配一项艺术特长。

5. 建立抗压支持机制

兴趣培养进入提升阶段后，难免会遇到瓶颈期。父母应提前告知孩子技能精进需要经历必要的重复训练，培养其抗压意识。当孩子遭遇挫折时，父母要及时提供情感支持和正向激励，帮助其建立克服困难的信心，以顺利克服困难，渡过瓶颈期。

三、培养兴趣的方法

瑞士儿童心理学家皮亚杰在《儿童心理学》中指出，兴趣是能量的调节者。这揭示出兴趣能够有效激发孩子的心理能量，提高其行动的积极性。一些孩子之所以对学习缺乏兴趣，根本原因在于未能从中获得愉悦体验和成就感。

要将“无趣”转化为“有趣”，父母需要巧妙创设情境、设计游戏化学习模式。学龄越低的孩子，对生活化、游戏化的学习方式接受度越高。如何将趣味元素融入兴趣学习，需要父母充分发挥创造力和智慧。

1. 找准孩子的兴趣点

父母应有意识地观察孩子的日常行为，其高频重复的行为往往就是兴趣所在。同时，父母要以平等的姿态与孩子对话，通过开放式提问了解其真实喜好。发现孩子的兴趣点后，父母需积极创造实践机会，让孩子在无压力的环境中深度探索。这种支持既能激发孩子的潜能优势，又能培养孩子积极进取的人生态度，帮助其在特定领域获得突破性发展。

2. 尊重个体兴趣差异

当发现孩子的兴趣点与预期不符时，父母不要草率地阻止孩子。兴趣点只要不违背道德原则，都应给予尊重。因为兴趣驱动的活动能最大限度地激发个体的创造力，培养专注力与抗挫能力。例如，象棋爱好者可通过棋艺训练逻辑思维。绘画爱好者即使随意涂鸦也值得鼓励，因为绘画能培养静心专注的特质，这种能力可迁移至其他学习领域；同时，绘画作为情绪表达的途径，能有效释放心理压力，具有多重教育价值。

3. 保护孩子的好奇心和求知欲

“三百六十行，行行出状元”的箴言提醒各位父母：切忌将兴趣培养异化为炫耀的工具。要避免盲目跟风报班，应通过多元环境浸润（如自然探索、博物馆参观、图书馆阅读）激发孩子的求知欲。其实，每个孩子心里都装着“十万个为什么”，父母需耐心对待这些提问，因为其中可能蕴藏着珍贵的兴趣萌芽。强制学习不感兴趣的内容，会破坏孩子的好奇心和探索热情。

4. 帮助孩子体验成功的快乐

要想让孩子的兴趣得到充分发展，父母要为其创造展示的机会，使其体验到成功的喜悦。例如，培养书法兴趣，可鼓励孩子参与赛事活动；培养声乐兴趣，可安排孩子在校内或社区演出；培养钢琴兴趣，当家中来客时可让孩子演奏一曲——这既能增进宾主情谊，又可展现孩子才艺……父母在陪伴孩子发展兴趣爱好的过程中，既能共享孩子成长的喜悦，又能有效助力孩子的兴趣发展。

5. 适度奖励

成就感来源于内在突破与外部认可的双重满足。当孩子遭遇发展瓶颈时，适度的物质奖励配合情感激励（如孩子想要已久的玩具、具体化的语言赞赏）能有效增强其自信心。父母要把握奖励的即时性与适度性，避免将外部激励异化为功利性目标。

6. 赏识孩子

父母要用欣赏的眼光对待孩子，对其微小的进步及时给予积极反馈；当孩子遭遇挫折时，用建设性的建议替代简单批评，与其共同分析问题产生的原因。

教育是唤醒与引导的艺术。父母应创建让孩子自由发展的空间，并通过敏锐观察发现孩子的兴趣生长点，让孩子在兴趣培养中潜移默化地提升能力、完善人格，这才是符合孩子成长规律的教育之道。

四、培养兴趣的误区

1. 盲目跟风

父母们交流时，若听闻其他家长说孩子学习了某项特长，部分人易受影响，认为不参与就会“落后于时代”，导致孩子“输在起跑线”，于是盲目跟风报班，追求“广泛涉猎”却忽视孩子兴趣的深度培养。最终，孩子疲于奔波于各类兴趣班，既未学有所长，又损害了身心健康。

2. 擅自决定

兴趣培养应以孩子的真实喜好为前提，但现实中许多“兴趣”实为父母单方面决定。孩子是否真心喜爱、是否愿意投入时间精力等关键性因素，常被父母选择性忽视。这种违背孩子意愿的“兴趣”，往往导致孩子滋生抵触情绪，学习效果事倍功半，既浪费了父母和孩子的时间、精力，又浪费了教育资源。

3. 威逼利诱

当孩子偏离父母预设的发展轨道时，部分父母会采用威胁（不照做就惩罚）或利诱（完成目标可获奖励）等非常规手段强制孩子坚持学习。此类强制干预下形成的“兴趣”，本质上是迫于压力的妥协行为。孩子将此种兴趣学习视为取悦父母的工具，长此以往将丧失兴趣学习的内在内驱力，导致“竹篮打水一场空”。

4. 轻易放弃

兴趣培养过程中难免会遇到瓶颈期，此时孩子易因畏难情绪萌生退意。部分父母误将“放任”等同于“尊重”，纵容孩子随意中断兴趣学习。这种教育方式易使孩子形成逃避心理，缺乏吃苦的精神。须知兴趣需要引导巩固：当孩子出现畏难情绪时，父母应通过知识拓展、答疑解惑等方式深化孩子的认知，帮助其克服短期困难，以使孩子坚持兴趣学习。

选择成就人生

这个世界是一个充满选择的世界，我们无时无刻不在进行选择。人生道路正是由无数选择铺就而成的。我们走过的路越多，需要权衡的选择也越复杂。

一、何为“选择成就人生”

人生每个关键节点的选择都至关重要。从日常琐事到命运转折点，我们在不断选择，小至衣着搭配与出行方式，大至中考、高考的志愿填报。尤其是关涉人生发展的重大选择，往往需要人们预设其可能产生的深远影响。

我的女儿初到济南外国语学校读高中时，一度难以适应新环境。舍友关系的处理、生活习惯的不同、饮食的不适等生活困难让她委屈落泪。我劝解道：“老家学校仍保留着你的学籍，要不就回来吧。”她斟酌再三，最终还是选择继续坚持。这个选择最终被证明是正确的，也印证了平台的重要性：不同的教育平台将引领不同的人生轨迹，正是这个选择为女儿日后考取南加州大学奠定了基础。

人生轨迹由自我选择铺就。人生道路需要由自己来走，真正能守护或伤害你的，终究是自己的选择。决定人生走向的并非所谓的命运，而是每个关键时刻的选择。不同的选择可能导致截然不同的结果，关键处的抉择往往能逆转人生走向。成功者之所以能稳步前行，往往是因为在重要节点做出了正确选择；而错误决策如同漏水的容器，日积月累终将阻碍目标达成。

若将人生比喻为翱翔的鸿鹄，选择便是托举梦想的羽翼；若视人生如参天巨木，选择则是滋养成长的清泉。面对重大抉择时，我秉持“谋定而后动”的原则且不会轻易改变。当初女儿提出赴美留学时，我和她详尽剖析了可能遭遇的孤独困境与文化挑战，但她依然坚持己见，我最终选择尊重她的决定。女儿用优秀的成绩和光明的前途证明，她的选择为自己提供了更广阔的平台，托举她成就了自己的梦想。

面对鱼和熊掌不可兼得的困境，人们常因贪求完美而错失良机。成长过程中，孩子易受环境影响却不自知，此时父母若生硬说教往往适得其反。父母若能巧妙引导，不仅能纠正孩子的错误认知，更能让孩子主动修正偏差。取舍之道在于：明确核心需求，果断做出抉择，正如参天大树必先深扎根系，人生高度亦取决于关键节点的明智选择。

二、选择的意义

选择的意义不在于“选了什么”，而在于“选择本身如何定义人之为人的尊严”。具体表现为以下两方面。

（1）选择是对自身价值的肯定。选择是困难的，甚至伴随着痛苦，它需要人们鼓足勇气成为命运的强者。在事业抉择的关键时刻，个体通过认真行使选择的权利，择定正确的人生道路，这既是对自身价值的积极确认，也是对个人理想、信念、意志、勇气、知识与能力的全方位检验。

（2）正确的人生选择是铸就成功人生的核心要素。人生的选择首先是一种目标选择，它确立了个人的前进方向。科学人生目标的设定，作为正确人生选择的首要前提，不仅直接决定着个人事业的成败，更是贯穿整个人生轨迹的重要航标。

三、选择的原则

选择往往伴随风险，尤其是在决定人生发展的关键时刻。要做出正确选择应遵循以下四个原则。

第一，明确目标。进行任何决策时都应确立清晰的目标，当目标确定后，所有行动需围绕既定目标展开。

第二，当机立断。面对多重选项时，应在准确研判形势、权衡利弊的基础上果断取舍，过度犹疑将错失良机。

第三，量力而行。面临选择时，必须清醒认知自身的需求，明确哪些要素最为关键、哪些选项最为契合自身特质。某些看似诱人的选项若与个人实际不符，则应坚决摒弃。选择应基于自身客观条件与实际情况，保持独立判断而非盲从他人。

第四，评估风险。任何决策都伴随潜在风险，我们能做的是提前制订预案，即便最坏的情况发生，也能通过有效应对最大限度地降低损失。

四、选择的方法

人生处处有选择。

人在一生中要面临诸多选择，若选择正确，人生道路自然通达；倘若选择失误，则意味着道路偏离正轨，一旦误入歧途，想要重回正轨也绝非易事。关于人生选择的方法，以下两点需要注意。

其一，需客观认识自我。人生之路选择正确与否，关键在于能否保持清醒的自我认知。既要明辨自身短板，又要洞悉个人优势。只有清晰地把握自身的长处与不足时，方有可能做出正确的选择。

其二，需将自我选择与社会导向有机结合。自我选择必须顺应社会发展，而顺应社会发展并不排斥自我发展。具体而言：一方面，自我选择绝非主观臆断的任性选择。人们若想取得事业成功，必须获得社会认可，这就要求我们深入了解社会对人才的需求，自觉将个人追求与社会及人民需要相统一。另一方面，社会导向仅提供宏观框架，不可能为每个个体量身定制周密方案。因此，个人需立足实际，以积极主动的姿态进行自主选择。我们既要反对脱离社会需求的自我选择，也要警惕以社会需要为名压制个人的合理选择。

归根结底，正确的人生选择必须建立在对自身、社会及其关系的科学认知基础之上。“适乎世界之潮流，合乎人群之需要”实为人生选择的根本准则。只有当个体在顺应社会发展规律基础上进行自我选择时，人生道路才能越走越宽广，人生价值才能真正实现。

五、正确选择所需具备的条件

凡成大事者，必具备长远的规划、前瞻的思维、正确的心态、无畏的勇气、坚定的信念、果敢的行动与充足的耐心。此处特将耐心置于最后，正是为了强调：任何事业的成功都必须着眼长远价值，摒弃急躁与浮躁。因为耐心方能持之以恒，耐心才可精雕细琢，耐心才能静待时机——而等待本身就是最高明的战略。一个有耐心的人看重的不是当下的得失，而是未来的图景。正因如此，唯有活在未来者才具备真正的耐心。

“活在未来”意味着为实现既定目标持续蓄能——本质是思维的前瞻性。其核心逻辑在于：总结历史经验、立足现实基础、谋划未来蓝图。我们虽无法改写过去与现在，却始终掌握着塑造未来的主动权。通过确立清晰的长远目标，明确人生航向；围绕目标，持续努力，在渐进积累中稳步接近目标。这种以未来愿景指导当下选择的生存状态，正是“活在未来”的真谛——因心怀未来图景，故能理性抉择当下，在时光淬炼中让理想照进现实。

培养孩子的创造力

创造力是人类最复杂的心理能力，是个体运用已有知识产生出某种新颖、独特、有价值的产品的能力。除智力低下者外，每一个正常人都具有创造的可能性。创造力的发展是一个从低到高的过程，人与人之间存在着创造力水平高低的不同，这种差异是由遗传、环境和教育影响造成的，但每一个正常人都具有创造的能力，正如吉尔福特所说，迄今人们获得的最有意义的认识之一是创造性再也不必假设为仅限于少数天才，它潜在地存在于所有人身上。

在研究创造力时，要把它与智力区别开来。智力是人们在一般认识活动中表现出来的能力，智力水平的高低决定一个人能否正确地解决实际问题，而要把问题解决好，要解决一些创造性的问题，则还需要一种特殊的能力——创造力。吉尔福特的研究表明，创造力与智力整体上呈正相关关系。也就是说，人的智力水平越高，创造力越强；智力水平越低，创造力越弱。可见，智力与创造力是两种不同的能力，智力是创造力发展的必要条件。

一、影响创造力的因素

第一，创造动机推动创造活动的进行。创造性思维者一般易受好奇心的驱动，对各种问题很敏感，总是力图找到解决问题的答案。可见，创造动机是创造活动的动力，没有创造动机，创造活动就无法产生和进行。但并不是创造动机的强度越高越好，因为动机太强或太弱都会影响问题的解决。动机太强，易使人的思路受限，这对创造灵感的产生是非常不利的；动机太弱，激不起创造的兴趣，创造活动无从进行。所以适度的、中等强度的动机最有利于问题的解决。而当人们不受生活琐事或紧迫任务束缚时，是萌发创造性思维的最佳时机。

第二，人的个性心理特征影响创造力的表现。个体创造力发展水平的强弱同创造者本人的个性有关。个性品质是影响创造力的重要因素，虽然个性本身并不具备创造性，但个性品质的优良与否影响着创造力的表现。良好的个性品质，如自主、勤奋、勇敢、自信、好奇心、进取心等，对创造力的发展有促进作用。不良的个性品质，如懒惰、怯懦、自卑、安于现状、墨守成规等，则会抑制创造力的发展。许多研究发现，创造力强的人有一些共同的个性品质，如自主选择性强、有见识、有洞察力、好独立判断、善于吸取经验教训、兴趣广泛，这些独特的个性品质更有利于个体创造力的发展。

第三，信息存贮量是激发创造力的前提条件。由于我们的所有观念都是通过提取记忆贮存中的信息而加工成的，因此，思维活动必须以大量的信息为基础，且思维活动的流畅性、灵活性和独创性都与信息量有关。从这个意义上说，如果贮存的信息量越多，激发创造力的可能性就越大；反之，贮存的信息量越少，激发创造力的可能性就越小，即便有也属偶发现象。此外，智力、遗传素质和脑的活动方式以及环境等因素都会影响创造力的激发。

纵观人类文明史，社会的发展离不开创造力。爱迪生改良电灯、贝尔发明电话、莱特兄弟实现飞行梦想、马斯克推进星链计划……这些划时代的创造不仅改变了人类的生活方式，更重塑了历史进程。

进入新时代以来，人工智能、大数据、互联网等技术革新的速度呈现指数级增长。随着人工智能技术的普及，一些传统的工作岗位面临着被取代的风险。例如，在制造业中，重复性、规律性强的工作逐渐被自动化机器人取代；在一些数据处理和分析领域，简单的数据录入和初级的分析工作可能会被 AI 软件取代。但那些需要创新思维和创造力的领域则成为未来的主要发展方向。因此，自小培养孩子的创造力尤为重要，这是帮助他们在未来竞争中脱颖而出的关键能力。每个孩子的创造力都值得精心呵护与深度挖掘，父母需要创设多元教育环境激发孩子的潜能，最大限度释放其创造活力。

二、具有创造力的孩子的特点

（1）在倾听、观察或做事时精神高度集中，甚至会出现没听见他人说话或忘记吃饭等情况。如“我刚才没听见您叫我吃饭”。

（2）表现异常活跃且难以安静。如“我正在思考问题，现在不能坐下”。

（3）擅长使用独特比喻进行表达。如“我觉得自己像一条即将化蝶的毛毛虫”。

（4）具有挑战权威思维的倾向。如“为什么书上的内容都是正确的？”

（5）表现出强烈的探究精神。如“妈妈，我查阅了所有参考书，观看了专题节目，还请教了老师，可仍然不明白龙究竟在哪里？”

（6）具备细致入微的观察能力。如“看，这只蜈蚣只有 41 条腿”。

（7）热衷于分享自己的发现。

（8）即使在休闲时也持续进行创造性活动。如“午休时间我完成了一个创作”。

（9）善于在非关联事物间建立联系。如“妈妈，您的新帽子好像飞碟”。

（10）坚持将创意付诸实践。

（11）对事物有强烈的好奇心并积极探索。如“我就是想看看从屋顶能看到什么，所以才爬上去”。

（12）主动通过实验验证想法。如“我以为颜料加面粉能做橡皮泥，结果混合物发霉了”。

（13）养成多角度实验的习惯。如“之前用洗衣粉洗沾了墨水的床单没效果，今天改用小苏打试试”。

（14）执着追求并坚守真理。如“我认为世界上根本不存在妖精”。

（15）具有独立思考能力。如“能让我单独思考一会儿吗？”

（16）勇于提出创新观点。如“我认为应该允许儿童参与投票”。

（17）具备较强的专注力。如“我要完成实验后再出去玩”。

（18）擅长构建物体的新颖组合。如“用绳子和铅笔就能做成圆规”。

（19）具有较强的问题意识。如“雪融化后，白色去哪儿了？”

（20）积极探索多元解决方案。如“旧皮鞋可以改造成花盆”。

（21）善于自主创新学习。如“我昨天查阅了图书馆所有关于蚊子的书籍”。

三、如何培养孩子的创造力

陶行知认为，认识到儿童有创造力，就应该进一步将其解放出来。否则，就会使儿童创造力这种的巨大智力资源埋没在未经开垦的广袤的沃土里。这不仅是学校教育、家庭教育的严重失职，也是对民族、对国家宝贵财富的重大浪费。那么，应该从哪些方面去解放儿童的创造力呢？陶行知提出的“六大解放”为我们提供了答案。

1. 解放儿童的眼睛

陶行知认为，传统的封建教育给儿童戴上了一副封建的有色眼镜，使他们脱离社会实际生活，“两耳不闻窗外事，一心只读圣贤书”，成为无益于社会的“小书呆子”。所以，他指出，不要让儿童戴着有色眼镜，要使眼睛能看事实。应该让儿童对大自然进行观察，对大社会进行分析，在大自然、大社会的怀抱中，陶冶性情，锻炼意志，培养分析问题、解决问题的能力。

2. 解放儿童的头脑

陶行知认为，儿童的创造力被固有的迷信、成见、曲解、幻想层层裹头布包缠了起来。发展儿童的创造力，要先把儿童的头脑从迷信、成见、曲解、幻想中解放出来，大胆探索，独立思考。

3. 解放儿童的双手

陶行知一针见血地指出中国传统的封建教育的弊病是："中国对于小孩子一直是不许动手，动手要打手心，往往因此摧残了儿童的创造力。"要根绝这个弊端，就必须解放儿童的双手。陶行知还以爱迪生的母亲关心爱迪生成长的故事为例，说服长辈们不要轻易否定儿童的创造力。他说："在爱迪生时代，美国学校的先生也是非常的顽固，因为爱迪生喜欢玩化学药品，不到三个月就把他开除了！幸而他有一位贤明的母亲，了解他，把家里的地下室让他作实验。爱迪生得到了母亲的了解，才一步步地把自己培养成发明之王。那时美国小学的先生不免也阻碍学生的创造力的发展。""我们希望保育员或先生跟爱迪生的母亲学，让小孩子有动手的机会。"所以，在家庭教育中，父母应该引导儿童手脑并用，从事生产实践，从事科学研究实验，从事发明创造。

4. 解放儿童的嘴巴

陶行知认为，中国人一般习惯不多说话，儿童没有言论自由。大人说什么，小孩就听什么，就照着做。久而久之，使儿童养成一种盲从陋习。这种情况是不利于儿童成长的。"儿童应当有言论自由，有话直接和先生说，并且高兴心甘情愿和先生说。首先让先生知道儿童们一切的痛苦。"因此，孩子有问题要准许他们问，大人对问题的解答可以增进他们的知识。另外，陶行知认为发明创造的起点，归结于"问"，强调了"问"在一切发明创造中的重要地位。

5. 解放儿童的空间

陶行知认为，"我们要解放小孩子的空间，让他们去接触大自然中的花草、树木、青山、绿水、日月、星辰以及社会中之士、农、工、商、三教九流，自由的对宇宙发问，与万物为友，并且向中外古今三百六十行学习"。他还进一步指出："创造需要广博的基础。解放了空间，才能搜集丰富的资料，扩大认识的眼界，以发挥其内在之创造力。""扩大了空间，才能各学所需；扩大了空间，才能各教所知；扩大了空间，才能各尽所能。"因此要解放儿童的空间，扩大他们学习的空间，使他们在大自然、大社会中获取更丰富的知识。

6. 解放儿童的时间

陶行知说："一般学校把儿童的时间排得太紧。一个茶杯要有空位方可盛水。现在中学月考，学期考，毕业考，会考，升学考，一连考几个学校，有的只好在鬼门关去看榜。连小学的儿童都要受着双重夹攻。日间由先生督课，晚上由家长督课，为的都是准备赶考，拼命赶考，还有多少时间去接受大自然和大社会的宝贵知识呢？赶考和赶路一样。赶路的人把路旁风景赶掉了，把一路应该做的有意义的事赶掉了。除非请医生，救人，路是不宜赶的。”“我个人反对过分的考试制度的存在。一般学校把儿童全部时间占据，使儿童失去学习人生的机会，养成无意创造的倾向，到成人时，即使有时间，也不知道怎样下手去发挥他的创造力了。”为此，他大声疾呼：“创造的儿童教育，首先要为儿童争取时间之解放。”因此，无论是在学校还是在家庭中，要给孩子时间，让他们有时间去想、去玩、去做。这样，他们才能遇到实际生活中的问题和困难，才能有所创造。

在家庭教育中践行这一思想，需要创设民主氛围与包容环境。父母尤需重视幼儿期教育，该阶段既是孩子创造性思维形成的黄金时期，也是创造力发展的萌芽阶段。让处于萌芽状态的创造力得到守护和培养是家庭教育的重要使命。当然，创造力的培养需要家校协同发力。

父母在培养孩子的创造力时应注意：首先，确立孩子的主体地位，激发其主动参与活动的积极性，使孩子的创造潜能在外界环境刺激下充分激活；其次，给孩子创造提问的机会，引导孩子质疑；再次，引导孩子多维度寻求问题答案，拓展思维广度；最后，及时给予孩子正向反馈，让孩子体验到创新带来的成就感。

遵循孩子身心发展规律，尊重孩子的兴趣与需求，通过科学设计的启发性教育，为孩子创造探索、思考、想象的实践场域，方能在其心田播撒创新的种子，为其终身发展奠定坚实基础。

四、培养孩子创造力的实践建议

第一，通过丰富的环境刺激培养孩子的创造力。为孩子营造多元体验场景，能有效激发其创造力。以下建议可供参考。

（1）多接触自然：孩子认识的事物越多，能用作想象的基础素材就越多。如观察不同植物的形态特征，收集植物标本，辨识动物的外形与习性，观察云层变化。

（2）拓展文化视野：精选全球优质绘本，多参观博物馆、科技馆、艺术展览。

（3）创设创作空间：在家中设置作品展示区，陈列孩子的涂鸦、拼贴等创作。

（4）生活化实践：烹饪时给孩子一块面团让他捏出自己喜欢的形状，利用旧报纸折纸帽，改造纸盒制作面具。

（5）探索与拆解：父母与孩子一起拆解旧玩具，研究内部结构，鼓励其探索是否有新的玩法。

第二,以游戏的方法培养孩子的创造力,寓教于乐。有以下游戏可供参考。

(1) 和孩子一起玩组词游戏,寻找多种答案。

(2) 与孩子联想各种物体的形状。

(3) 妈妈说一个词语,孩子也说一个词语,并围绕自己说的词语编故事。

(4) 问孩子几个事物之间有什么联系,鼓励孩子开动脑筋。

(5) 故事接龙,父母说一段故事,孩子再接着往下说。

(6) 多和孩子比赛说出某种物品有哪些用处。

(7) 鼓励孩子自制礼物,如贺卡等。

第三,建立正向反馈机制。如父母即时表扬孩子的创造性成果,强化“你是个充满创意的人”的积极心理暗示。

第四,对孩子进行启发式提问。如通过“如果……会怎样”“为什么不能……”等问题引导孩子深入思考。

第五,允许孩子大量尝试,允许孩子犯错。

(1) 接纳孩子非常规的想法:当孩子幻想“带翅膀的猫”时,父母着重赞赏其创意而非纠正。

(2) 鼓励探索性实践:父母允许孩子在安全范围内进行探索性实践,如允许孩子将家用小电器拆解,帮助其理解小电器的工作原理。

(3) 辩证看待失误:将错误理解为学习的机会,培养孩子从失败中吸取经验的能力。

目标:孩子成长的关键指引

从心理学和教育学的专业视角来看,明确且合理的目标能够激发孩子内在的学习动机,促使他们积极主动地探索知识,提升自身能力。美国学者洛克提出了目标设置理论,认为具体和有挑战性的目标可以显著提高人的工作和学习效率。这一理论在孩子的成长过程中同样适用。一个清晰的目标,能让孩子清楚地知道自己努力的方向,从而更有针对性地付诸行动,避免盲目摸索。

现实生活中,目标对孩子成长的积极影响也随处可见。比如,有的孩子梦想成为科学家，为了实现这个目标，他从小就对科学知识充满热情，主动阅读大量科普书籍，积极参加科学实验活动和科技竞赛。在这个过程中，他不仅学到了丰富的科学知识，还培养了观察力、思考力和实践能力，综合素质得到了极大提升。又比如，有的孩子立志成为优秀的运动员，为了提高自己的竞技水平，他每日坚持刻苦训练，无论严寒酷暑从不间断。这种为了实现目标而坚持不懈的努力，不仅让他在体育领域取得了优异成绩，还锻炼了他的意志力，使他在面对生活中的其他困难时也能勇往直前。

在家庭教育中，助力孩子设定有效的目标至关重要。父母应充分了解孩子的兴趣与优势，通过日常的细心观察和深入的沟通交流，发现孩子真正热爱且擅长的领域。除了观察，与孩子进行深入的沟通同样不可或缺。父母可以在轻松愉快的氛围中与孩子展开真诚的交流，鼓励他们分享自己内心的想法和感受，了解他们对不同事物的看法和喜好。例如，在晚餐后的休闲时光，父母可以和孩子聊一聊学校里的课程，问问孩子最喜欢哪一门课，为什么喜欢，从孩子的回答中，捕捉他们的兴趣倾向。还可以询问孩子在课余时间喜欢做什么，是阅读书籍、听音乐、运动，还是参加其他活动，从而更全面地了解孩子的兴趣爱好。通过这些观察和沟通所获取的信息，能够帮助父母精准地把握孩子的兴趣点和优势领域，为后续设定合理且有效的目标奠定坚实的基础。

父母与孩子设定目标时，要遵循 SMART 原则。SMART 原则是设定有效目标的重要准则，它包含具体（Specific）、可衡量（Measurable）、可达成（Attainable）、相关（Relevant）和有时限（Time-bound）五个关键要素。以提高孩子的英语成绩为例，目标应具体到本学期末英语成绩提高 15 分（具体、可衡量）；以孩子目前的学习基础，经过努力是可以达成这一目标的（可达成）；该目标与孩子提升综合学习能力的大方向相关（相关）；并且明确在本学期末达成，具有时间限制（有时限）。同时，将大目标分解为小步骤能让孩子更轻松地着手行动。如孩子想要在一年内掌握钢琴十级曲目，父母可以协助孩子将其分解为每月、每周甚至每天需要完成的练习任务，让孩子在逐步实现小目标的过程中，不断积累成就感，坚定迈向最终目标的信心。

为了让目标更好地激励孩子，父母可以建立合理的奖励机制。奖励分为物质奖励和精神奖励，且都应与目标完成情况紧密挂钩。比如，当孩子成功完成本周的学习小目标时，父母可以给予一个温暖的拥抱、真诚的赞扬等精神奖励；若孩子在学期末达成了取得优异成绩的大目标时，父母可奖励他们一本心仪已久的书籍。但要注意避免过度奖励，以免孩子将注意力从目标本身转移到奖励上。

在孩子追求目标的过程中,父母持续的鼓励与支持不可或缺。当孩子遇到困难想要退缩时,父母一个信任的眼神、一句鼓励的话语,都可能成为孩子重新振作的动力源泉。此外,父母以身作则也起着关键作用。若父母自身树立目标并努力实现,孩子在潜移默化中也会受到积极影响,会更加坚定地为实现自己的目标而拼搏。

父母定期和孩子一起回顾目标的完成进度,根据实际情况进行调整,能确保目标始终贴合孩子的发展。同时,要帮助孩子培养积极心态,使其在面对挫折时,将挫折视为成长的宝贵机会而非失败的标志。如此,在父母的精心培育下,目标便能稳稳地成为孩子成功的坚实阶梯,助力他们一步步攀登,实现自己的人生理想。

独立自主方能成才

一、何为独立

哲学家布迪曼说:"最本质的人生价值就是人的独立性。"蒙特梭利指出,在生命的最开始,孩子就需要自己做事情。教育的根本目的在于帮助孩子发展独立性,从而促使其持续自我完善。

例如,对幼儿来说,其独立性发展具体表现为他们能自主开展各类活动,逐渐减少对成人的依赖。例如,在游戏过程中,幼儿自主设定主题、角色与规则。若成人过度干预游戏,幼儿往往会产生自觉或不自觉的抗拒行为,甚至丧失游戏兴趣。

所谓独立,本质上是一个内涵丰富的概念。孩子独立性的培养,并不仅限于掌握穿衣、吃饭、如厕等基础生活技能。在这些基本能力之外,我们更需要系统培养孩子独立承担责任、决策、表达观点、发表见解、维护权益、解决问题以及思考等能力。这看似复杂的能力体系,其实都是通过日常生活中的细微小事逐步构建的。教育本无捷径可循,需要的是持之以恒的耐心与循序渐进的实践。

可以预见,若孩子缺乏自主实践的机会,长期依赖他人,其成年后必然难以在社会中自立,更遑论成长为支撑社会发展的栋梁。

二、家庭教育中培养孩子独立性的意义

心理学上的独立性指意志的独立性，指人的意志不易受他人的影响，有较强的独立提出和实施行为目的能力。实际上，独立性是一个人独立分析和解决问题的能力，是人在社会中生存与发展的必要条件。

1. 有助于孩子独立人格的形成

人格是个体对现实持有的稳定的态度体系，其外在特征通过习惯性行为方式呈现。人格特质一旦形成便具有稳定性，将伴随个体终身。父母培养孩子的最终目标是帮助孩子养成独立的人格，成为独立的个体。在养成孩子独立人格的过程中，孩子面对问题时能自己妥善处理，在不断试错中得到成长，这为其未来更好地融入社会、取得更大的发展奠定了基础。

2. 有助于培养孩子积极处事的态度

独立性强的孩子能主动承担个人事务，通过持续实践逐步建立责任感与自信心。这种自信品质对学习、生活尤为重要：自信的孩子往往表现出更强的学习主动性，从而获得事半功倍的学习效果。早期家庭教育中培养孩子的独立性还能促使其形成认知判断能力，对其未来的学习、生活产生重要影响。

3. 有助于孩子身体机能的协调发展

饮食起居等基础生活技能的习得需要循序渐进。尽早引导孩子掌握这些基础生活技能，不仅能减轻父母的负担，更能通过动作训练促进孩子的肌肉发育，提高肢体的协调性。

总之，独立自主方能成才。培养独立性对孩子的身心发展具有双重意义：独立性强的孩子通常生活能力强、目标明确、行动主动，兼具进取精神与抗挫折能力。这些品质不仅有助于塑造孩子良好的个性特征，更能增强其社会适应能力。

三、培养独立性的方法

那么，我们应该如何培养孩子的独立性？其实，人生来就具有一定的独立性。独立始于出生，终于老，贯穿人生始终。新生儿脱离母体的瞬间，即开启自主呼吸与消化系统的运作。婴儿天生具有精密的自主发展机制：无须教导便能自主呼吸、消化，这是生存的本能。他们主动将头转向母亲胸前寻觅乳头进行吮吸，甚至能调节吮吸力度以获取乳汁。即便是非母乳喂养的婴儿，也会本能地追寻母亲的气息。由此可见，生命从初始阶段便展现出为适应环境而自主获取生

存资源的本能，这种独立性是生命体的自然属性。

培养孩子的独立性需要适宜的环境和恰当的教育方法。由于人在出生后有相当长时间处于家庭环境中，因此家庭氛围和家庭教育对其独立性发展具有重要影响。尤其是在孩子人格形成的关键期，家庭教育对独立性培养起着决定性作用。

培养孩子的独立性必须从基础生活技能开始，让孩子明白“自己的事情自己做”。日常生活中的床铺整理、个人卫生清洁、学习用品管理以及餐具准备等可以由孩子自己负责。父母需要循序渐进地引导孩子完成能力范围内的各项事务。表面上看，这些生活琐事占用了很多学习时间，实则不然：日常家务劳动可以培养孩子的生活技能、增强孩子的责任心、锻炼社交和合作能力、提高学习能力。建议在孩子的房间张贴“自己的事情自己做”的提示标语，通过日常浸润逐步培养孩子的独立意识和责任担当。具体培养策略可参考以下方法。

1. 多鼓励，少干预

孩子正处于成长期，动手能力相对较弱，但这并不意味着父母可以通过代劳的方式帮助孩子完成任务。若父母一味代劳，不仅会导致孩子懒散，还易导致孩子自我评价降低，进而影响其自我价值感的形成，长此以往将影响孩子的身心健康和全面发展。父母应鼓励孩子独立完成任务，无论完成质量如何，都不应随意干涉或评判，而应通过适时引导帮助孩子自主探索正确的方法。

2. 自己的事情尽量自己完成

对孩子过度溺爱，所有事情父母都替他们做，实际上是在剥夺其动手实践的权利，这与我们倡导的“让孩子自主实践”理念背道而驰。父母需注意，切不可因嫌孩子添麻烦或觉得碍手碍脚，就剥夺其学习实践的机会，而应给予其充分的信任，鼓励其大胆尝试。通过循序渐进的练习，孩子将经历从不熟练到熟练的成长过程，最终达到得心应手的境界。

3. 提供必要的指导

部分孩子动手能力较弱，往往是因为缺乏正确的方法。父母可将规范的操作要领教给孩子，既能提升其动手能力、激发兴趣，亦可有效提高效率、规避实践过程中的安全隐患。

4. 允许孩子犯错

当孩子主动尝试实践时，父母需注意提醒孩子：不必追求完美。孩子尚处于学习阶段,操作难免不熟练,也难以达到父母期望的标准。但只要孩子有实践的积极性,即便结果不尽如人意,父母也不要苛责,以免孩子在尚未获得充分练习前就丧失信心。唯有将不完美的实践经历转变成学习的机会,孩子方能保持探索的勇气。

5. 让孩子学会解决问题

提升孩子解决问题能力的有效方法之一,就是父母示范解决问题的完整过程,让孩子在观察中逐步积累解决问题的经验。有时候,孩子解决问题的能力实在令人惊叹,因此父母切勿低估孩子的潜力,要放手让孩子自己去解决。

6. 赋予孩子责任感

孩子作为家庭中的一员,既有权享受家庭提供的一切,也需承担相应的责任。因此,父母应根据孩子的年龄和能力安排其完成适合的任务,如倒垃圾、帮忙收衣服等,让孩子从小学会独立,从而培养责任感。

7. 允许孩子说“不”

父母要放下成人的姿态,仔细聆听孩子的各种声音。其中,最为关键的是孩子每一次说“不”的时刻。因为每一次说“不”都是其独立思考的表现,是他们在尝试进行自主决策。面对说“不”的孩子,父母应允许他们充分表达。例如,当孩子挑食、抗拒吃青菜时,父母应与孩子共同寻找挑食的原因,让孩子理解挑食的坏处。并寻求解决方法。这一过程能帮助孩子理解:说“不”并非错误行为,自己的表达具有实际意义,会让自己变得更好。孩子也将因此更愿意进行独立思考和尝试,而不必因担心受到成人责备而畏缩不前。

第七章
为孩子一生的发展助力赋能

在孩子的成长过程中，家庭教育如同一场艺术实践，需要智慧、耐心与科学的引导。信任是家庭教育的基石，当父母以真诚的信任赋予孩子探索的空间时，孩子往往能在自主中迸发潜能，创造令人惊叹的奇迹。而这份信任的维系，离不开亲子间的有效沟通——它是智慧型父母化解矛盾、传递价值观的桥梁，让亲子关系在倾听与理解中走向和谐。

父母不仅是孩子的引导者，更是他们的言行榜样。孩子犹如一面镜子，映射出家庭的习惯与态度，因此父母的以身作则，远比说教更能塑造孩子的品格。在此基础上，激发孩子的内驱力尤为重要。当学习与成长由内在动力驱动，而非外力压迫时，孩子将主动拥抱挑战，让内驱力成为持续进步的动力源泉，这也正是教育的至高境界。

与此同时，培养孩子的责任感是为其人生奠基的关键。学会承担选择与行动的后果，孩子才能在未来的人生中稳健前行。教育的温度也体现在感恩之心的培育中——让孩子学会珍惜他人的付出，心怀善意，才能在成就自我的同时回馈社会。

从信任到感恩，从内在驱动到责任担当，这些理念共同勾勒出家庭教育的全景。它们不仅是孩子成长的阶梯，更是父母与孩子双向滋养的过程。父母唯有将爱、智慧与远见融入育子日常，才能为孩子铺就一条通向幸福与成功的道路。

信任产生奇迹

英国教育家斯宾塞曾指出，当孩子感受到被爱与信任时，奇迹便会出现。教育成功的关键在于尊重孩子作为独立个体的本质，允许、引导其形成自主意识，自主进行多样化探索与实践，而非将成人的思维模式强加于孩子。中国青少年研究中心针对青少年学习展开的专项调研显示，孩子最喜欢的父母的10种做法中，"信任我"高居榜首。该数据有力印证了孩子对获得父母信任的深切渴望。

一、何为信任

获得父母无条件的尊重与信任，是孩子健康成长的基本保障。在子女成长过程中，家庭教育承担着至关重要的使命。父母对孩子的尊重与信任，不仅能有效激发孩子的自信心和创造力，更能培养其独立思考与解决问题的能力。

部分成年人虽已生理成熟，但心智发展却存在明显滞后：或缺乏责任担当，或处事优柔寡断，或遇事考虑不周。这些人即便学业优异，长大后也难以取得真正成就。造成这一现象的原因往往在于父母对其长期的信任缺失——过度保护与怀疑孩子是否有能力独立成长。

要让孩子真正长大，父母必须给予孩子适度的信任空间。父母对孩子的信任程度决定了孩子的自主能力的大小。以养育一岁幼儿为例，父母过度担忧其穿衣厚薄、频繁检查其被子是否盖严等"无微不至"的关怀，本质是对孩子生存能力的不信任。随着孩子逐渐长大，焦虑型父母会不断转换关注焦点——从饮食冷暖到学业就业，从婚恋生子到隔代教育，而智慧型父母则能根据孩子的成长阶段调整信任边界。

需要强调的是，父母对孩子的信任绝非放任自流。二者的本质区别在于：是否准确认知孩子的实际能力。例如，放任学爬婴儿在无防护的高床上活动，或明知孩子缺乏自控能力仍允许其无节制地看电视，都属于非理性的放任行为。真正的信任应建立在对孩子能力的客观评估基础上，通过循序渐进地引导、培养孩子的良好习惯，最终使孩子成为自主独立的人。

二、信任的意义

1. 信任可以培养孩子的安全感

信任能够培养孩子的安全感。不少父母并不真正明白这个道理，甚至从未意识到。他们过分关注孩子是否听话、行为是否符合大人的要求，若未能达到预期便对孩子进行否定、批评甚至施加暴力。许多孩子的心理问题就源于成长过程中父母的信任缺失——不被父母信任的孩子往往性格怯懦，沉默寡言，习惯独来独往，甚至出现行为异常。这类孩子觉得自己没有人信任、没有人爱，即便遭遇欺凌也不敢向父母求助。

无论何时，父母都应坚定地信任孩子：当孩子面对质疑时，父母给予他信任；当孩子经历失败时，父母持续信任他；当孩子试图逃避困境时，父母依然信任他。父母是孩子最亲近的人，父母的充分信任能激发孩子的潜能；而不被父母信任的孩子，将缺乏安全感、自信心和责任感。心理学研究表明，推动个体发展的内在动机包含三大要素：安全感、自主性与胜任感。唯有获得安全感，孩子才能将注意力投向外界，继而萌生好奇心与探索欲，而这种安全感的核心来源正是父母的信任。被父母无条件信任的孩子，如同备足粮草的远征军，必定怀有直面挑战的勇气。

正如心理学家乔伊斯•布拉泽斯所言，爱的最佳证明是信任，信任才是父母给孩子的最好的爱。遗憾的是，部分孩子没那么幸运。9 岁女孩小楠被狗抓伤后因惧怕父母责骂而隐瞒伤情，错过接种疫苗时机导致狂犬病发身亡；14 岁少年捡到手铐误锁自己，因担心父母责备戴手铐生活一年致手臂差点残疾；9 岁男童打碎学校的玻璃无力赔偿，不敢告知父母选择留遗书跳楼。这些悲剧本不应该发生。真正细心的父母，面对任何状况都应先听孩子陈述事情原委，为其创造充分表达情绪与观点的机会，再引导孩子采用恰当的方法解决问题。

2. 信任可以增强孩子的自信心

父母若对孩子充满爱与信任，便能在孩子身上发现更多的闪光点。这样的父母看待孩子时眼中常含欣赏，孩子感受到这份信任与关爱，做事自然更具主动性。然而，现实中，部分父母习惯紧盯孩子的缺点，忽视其优点，这本质上是信任缺失的表现：孩子明明在房间中专注学习，父母却总怀疑其偷玩手机，频繁突击检查；孩子通过努力考取全校第一，父母偏要认定是作弊所得；家中财物丢失时，即便毫无证据仍首先怀疑是孩子偷拿……这种猜忌与不信任会使孩子逐渐变得消极被动，甚至自暴自弃。孩子可能产生“既然不被信任，索性听之任之”的逆反心理，或形成“越不信任我，越要对着干”的对抗心态。父母对孩子的过度干预也折射出其对孩子能力的怀疑——不相信孩子具备独立处事、规划人生、经营生活的能力。这种不信任的代价是沉重的：许多不被父母信任的孩子成年后与父母感情疏离。

父母对孩子的信任，是对孩子最好的肯定和期待，是孩子健康成长和勇往直前的力量源泉。孩子的成长离不开父母的尊重，而信任是尊重的基石。被信任的孩子无惧人生坎坷，因为他们深信自己能够跨越障碍；被信任的孩子愈发努力奋进，只为配得上父母那沉甸甸的期待；被信任的孩子更珍视亲情，始终心怀感恩。他们的父母未必学历显赫或收入丰厚，却能给予孩子最珍贵的信任空间。

我在家庭教育中，凡非原则性问题都会倾听女儿的想法，只要建议合理便予以支持。当观点存在分歧时，允许女儿有试错的机会，同时要求她承担相应后果。例如，女儿自主决定穿衣搭配时，若选择明显不合气温的衣物，我会告知她天气状况并让其感受户外温度。若她仍坚持己见，我便尊重她的选择，但她要自行承担着凉或闷热带来的不适。类似的事情经历数次后，女儿逐渐形成“穿衣需考虑气温”的认知，此后每逢天气变化，她都会主动调整着装。这种转变正是被尊重的结果。因此，在家庭教育中，真正的尊重，是将孩子视为独立个体，允许其在安全边界内自由探索，而非强行灌输大人的想法。

三、以信任培养孩子的自信

自信对个人发展的重要性不言而喻。有的人虽才华横溢、学历出众，却因缺乏自信遇挫即退；而有的人虽资质平平却充满自信，最终攻克人生难关。可见，自信是推动个人成长的关键要素。要增强孩子的自信，关键在于引导孩子形成“我能行”的信念。

1. 引导孩子正确认识自我

“尺有所短，寸有所长。”每个孩子都是独特的个体，父母应帮助孩子发现自身的闪光点，看到自己的内在潜力，而非总拿自己的短板与他人的优势比较。消极对比只会让孩子聚焦缺点，既看不清自身优势，也找不到努力方向，最终陷入难以突破的成长困境。

2. 让孩子相信自己的能力

培养孩子的自信，父母首先应信任孩子，并使孩子相信自己具备解决问题的能力。父母应与孩子共同面对挑战，协作探寻解决问题的方法。这种共同探索的过程不仅能培养孩子的分析思考能力，还能塑造其自信心与独立人格。

信任孩子，还需赋予孩子适当的自主权。孩子需要发展兴趣与能力的空间，父母应鼓励其尝试新事物、迎接新挑战，在提供必要指导的同时避免过度干预，让孩子在自由探索中实现自主成长。

3. 维护孩子个人隐私

和大人一样，孩子也需要私人空间，也享有隐私权，父母应给予充分尊重，避免过度干预孩子的个人生活，尊重其选择与决定。这有利于构建家庭成员之间的信任，让孩子真切感受到家庭的温暖。

父母与子女的相互信任是家庭教育成功的关键前提之一。有学者研究发现，孩子对父母怀有天然的信任，既视父母为知识启蒙者、行为示范者、生活指导者，更渴望通过自身的良好表现获得与父母平等交流的机会。这种信任能激发孩子的内在潜能，使其体验到被尊重的幸福感。更重要的是，父母对孩子的信任将教会孩子信任他人——这既是孩子未来幸福的源泉，也是人生珍贵的财富。

沟通是智慧型父母的必修课

沟通是家庭教育的基石，不仅能促进亲子间的理解与信任，更是化解矛盾、解决问题的有效手段。

一、沟通是教育的前提

家是人生的起点。一个家庭中，沟通是标配，陪伴是高配，理解是顶配。想要将家庭经营得和睦美满，离不开这三者的共同作用。

在家中，饭后的日常闲谈是沟通，傍晚的作业辅导是沟通，睡前的拥抱亲吻也是沟通；轻声细语的好言相劝是沟通，暴跳如雷的责骂甚至体罚管教同样也是沟通。正如有的心理学家所言："重要的不是发生了什么，而是对方的感受。要永远记住，沟通在亲密关系中是最重要的。"家庭成员遇事若一味指责抱怨，只会让家庭关系出现裂痕。唯有好好说话、用心交流，让彼此的表达畅通无阻，家庭的凝聚力才能愈发牢固。

我们必须重新理解沟通的本质，只有真正读懂它的内涵，才能从根本上解决纷繁的家庭问题。谈及与孩子的沟通，许多父母不以为然："这需要什么技巧？不就是日常对话吗？我每天都在沟通——接送上学时、共进晚餐时、辅导作业时，我始终在向孩子传递信息。"但事实并非如此简单。我认识一位16岁男孩的母亲，她时常向我倾诉："我每天试图与孩子交流，他却总是回避。现在只能在送他上学时叮嘱几句，但明显感觉他不愿倾听。"据她回忆，孩子刚入学时还愿意与她分享学校中的见闻，后来孩子却逐渐关闭了对话通道，不再与父母进行沟通。而我在与这位母亲交流时发现她的言语间充斥着焦虑情绪与失当措辞，令听者很不舒服。不少父母常抱怨："现在的孩子根本听不进道理，你苦口婆心地教导，他们却满不在乎，甚至用更多歪理反驳，把父母的关心当作无意义的唠叨。总之一句话——烦！"父母为孩子焦虑，孩子被父母困扰。这般对立之下，亲子间自然难以展开有效沟通。究其根源，问题究竟是出在孩子身上、父母身上，还是沟通方式上？这需要每位家长反思。

二、沟通不良的表现

一位心理学家曾在问卷调查中让小学生写出最不喜欢的父母的行为，结果显示"唠叨"一词出现频率最高。现实中，许多父母发现孩子越来越难沟通，即使反复叮嘱孩子也不愿听从，最终导致父母情绪积压却无处释放。这种现象本质上是由心理学中的"超限效应"引发的——当刺激过多、过强或持续时间过长时，容易引发心理逆反或极度不耐烦的现象。在家庭教育中具体表现为：当孩子犯错时，父母持续进行重复性批评，使得孩子从最初的心怀愧疚逐渐转为不耐烦，最终产生逆反心理。这种状态下，孩子的内疚感会被愤怒所取代，教育效果自然消失殆尽。总体来看，父母的以下行为会导致亲子沟通不良。

1. 翻旧账

当孩子犯错时，有的父母会情绪失控，从当下的错误追溯到过往经历：可能从两岁时的尿床事件，说到六岁时打哭邻居家小朋友。无论孩子是否已经改正错误，这类父母都将过往错误逐一翻出反复数落。这种做法会让孩子产生强烈的无力感，认为曾经的错误永远无法被原谅。长期处于这种绝望情绪中，孩子极易自暴自弃，彻底放弃改进意愿。

2. 过度唠叨

典型场景如孩子考试成绩不佳，父母在厨房做饭时进行批评，在刷碗时想起来了又唠叨。有的父母发现孩子的缺点后，急于通过高频次提醒强制孩子改正。这些行为既包括直接批评，也包含无意识的抱怨，琐碎且频次高。对孩子而言，这种言语干扰极易打乱其心理节奏——即便已决心改正，也会因持续压力产生焦躁情绪。

3. 批评场合失当

批评教育需要注意场合，维护孩子的尊严。在公共场合面对父母说教时，孩子心情尚可时或许能理解父母的用心，但当孩子情绪低落时则会产生抵触心理。这类父母往往执着于输出自己的教育理念，却忽视孩子的心理承受能力，最终导致教育效果与预期背道而驰。

三、亲子沟通的有效方法

亲子沟通是家庭教育的核心环节，不仅影响孩子的心理健康与情感发展，也直接关系到家庭的和谐与凝聚力。父母在与孩子沟通时可采用以下方法。

1. 与孩子共情

《颜氏家训》有言："父母威严而有慈，则子女畏慎而生孝矣。"其意为：父母既保持威严又给予关怀，子女方能敬畏且孝顺。对孩子而言，共情是父母与孩子最佳的沟通方式。当父母以孩童视角思考时，诸多难题自可迎刃而解。有则案例令人深思：14 岁少女欲穿超短裤上学，父亲不同意，但未采用说教的方式阻拦，而是套上同款短裤展示"身材"。在女儿欢笑之际，父亲提出若她不改变主意，自己将穿短裤接其放学。这场沟通危机最终以父女"双赢"收场——既达到了教育目的，又让孩子感受到了尊重。此案例揭示：有效沟通不在于说教多寡，而在于能否直抵心灵。父母之爱需平衡理性与温情之间的关系，唯有把话说到孩子心坎里，才能达到教育的目的。

2. 保持情绪稳定

当父母处于不良情绪状态时，往往无法对孩子实施有效教育。此时的"沟通"通常只是父母单方面的情绪宣泄，却使孩子背负了心理负担。父母与孩子交流时应尽量避免使用极端化表达，特别要警惕在情绪激动时与孩子沟通的语言。部分父母在暴怒状态下难以自控，容易言语失当，说出伤害孩子心灵的言辞。而且频繁使用"你让我很难过""你伤了我的心""你把我逼疯了"等指责性语句，极易引发孩子的抵触情绪。这类表述不仅会触发孩子的自我防卫机制，甚至可能导致孩子反唇相讥，如"是你自己要生气的"或"你的情绪与我无关"。若父母尚未学会对自己的情绪反应负责，就不应在此时与孩子沟通——这种状态下的交流质量根本无法保障。父母的言语反映着其情感态度与心理状态。年幼的孩子虽然语言理解能力有限，但对情绪感知异常敏锐。即便是襁褓中的婴儿，虽不能理解母亲的话语，却能准确分辨出温柔耐心与烦躁厌倦的语气差异。父亲将在职场中遭遇的不公情绪、母亲将疲惫感或对配偶的不满带入亲子对话中，都属于不良情绪传导。

与孩子对话时，父母的情绪管理尤为关键。不少父母因过度关注教育成效，当发现孩子表现不佳时，就容易产生焦虑情绪。这种焦虑具有强烈的传染性，会导致孩子的情绪波动。须知“欲速则不达”，人在过度焦虑状态下不仅难以激发潜能，甚至可能连基本能力都难以正常发挥。父母的焦虑情绪容易导致孩子形成负面自我认知，严重损害其自信心。保持稳定的情绪状态，实为合格父母最重要的必修课。

3. 语言表达精准

当孩子的理解能力不高时，如果父母完全按照自己的语言习惯表达，往往难以实现有效沟通，因为孩子未能真正理解父母的话语内容，自然无法产生教育效果。因此，父母在亲子交流中必须充分考虑孩子的年龄特征与理解水平，尽量使用清晰具体的表达方式，避免使用模糊抽象的语言。

以下事例能生动体现语言表达准确的重要性：当小强的妈妈说“你可真懒，你这是什么学习态度啊？”时，孩子会感到困惑不解，甚至暗自疑惑：“我又做错什么了？”但若调整为具体询问：“小强，最近你连续三天写作业到晚上十点，能和妈妈说说原因吗？”这种表述既明确了沟通主题——作业效率问题，又为孩子提供了具体的思考方向。

同理，当父母使用“小强，你真棒！”这类笼统表扬时，孩子往往难以获得实质性反馈，不知自己获得表扬的具体原因。若改为“小强，妈妈对你昨天高效完成作业特别满意，这样就节省出了一个小时的自由时间”，则能让孩子清晰认识到提高学习效率的价值，进而主动探索更有效的学习路径。

因此，日常父母与孩子进行沟通时，使用的语言越准确越好。这不仅能显著提升亲子交流的有效性，确保信息准确传达，更能同步培养孩子的语言理解能力与逻辑思维水平。通过具体事例的示范引导，孩子会逐步建立准确表达与理性思考的行为模式，这对他们的认知发展具有深远意义。

4. 巧用沟通的艺术

说话的内容固然重要，但相同的内容用不同的方式表达，可能会产生截然不同的效果。父母若能注重语言表达的方式，教育成效将显著提升。例如，当父母希望孩子协助洗碗时，采用“你去把碗给我洗了”这类命令式表达容易引发孩子的抵触情绪；若巧妙转换为“如果你能帮我洗碗，我会很高兴”，则给孩子的感觉会不一样，使孩子能主动去洗碗。这种沟通技巧不仅适用于亲子之间，也有益于夫妻间的良性互动。

在日常的亲子沟通中，父母应掌握沟通的技巧，尤其需避免使用带有否定意味的转折词。我们常在对孩子说“我理解你的想法”后，习惯性附加“但是”“不过”等词汇。这类表述会给孩子传递“你的观点是错误的”或“你的诉求未被重视”的负面信息。例如，“妈妈觉得你说得很有道理，但是……”的实际语义会被孩子解读为否定前文；若将其调整为“妈妈觉得你说得很有道理，我这里也有个不错的建议，我们要不要一起探讨下？”，通过将“但是”替换为“也”进行承接，既能肯定孩子的观点，又能自然引出后续讨论。

语言表达的艺术性在于，不同的表达方式会产生不同的沟通效果。父母唯有掌握有效的表达方式，才能让孩子感受到被尊重，从而建立轻松愉快的亲子对话模式，有效避免孩子抵触情绪的产生。

5. 真诚赞赏

人性的弱点是喜欢批评他人，却不愿被批评；渴望得到赞美，却吝于赞美他人。这种矛盾便悄然拉开了人与人之间的距离。若能将真诚的目光投向彼此，冷漠自会消散。

有甲、乙两位猎人，某日各自带回两只野兔。甲的妻子见状冷言道：“只打了两只？”甲心中不悦：“你以为打猎容易吗？”次日，他故意空手而归，只为让妻子明白打猎之艰难。而乙的妻子的反应截然不同。她惊喜道：“哇！你竟打了两只？”乙闻言得意道：“两只算什么！”次日，他愈发努力，竟带回四只野兔。此故事告诉我们一个道理：父母冷漠的神情与缺乏温度的语言最令孩子心寒，会扼杀孩子的积极性；而父母发自内心的真诚赞赏，不仅能给孩子带来快乐，更能激发其积极性。另外，有效的赞美始于细节——细节背后是观察的专注、用心的投入与真挚的关注。因此，父母在赞美孩子时，请多倾注一份真诚与细致。

父母是孩子言行的镜子

苏霍姆林斯基说：“儿童的心灵是敏感的，它是为着接受一切好的东西而敞开的。如果教师诱导儿童学习好榜样，鼓励仿效一切好的行为，那么，儿童身上的所有缺点就会没有痛苦和创伤地、不觉得难受地逐渐消失。”在家庭教育中，儿童学习的好榜样正是父母。可以说，最好的家庭教育，正是父母通过言传身教为孩子树立榜样。人们常说孩子身上带有父母的影子，这不仅体现在外貌特征上，更反映在对父母行为举止的模仿与复刻之中。

英国教育思想家洛克曾指出：在各种教育方法中，榜样是“最简明、最容易和最有效的办法”。父母的言谈举止和为人处世，都是孩子模仿的对象。古人很早就意识到，要想让孩子成为什么样的人，父母首先要成为什么样的人。父母的一举一动、一言一行，都会悄然镌刻在孩子的意识深处。若父母不能以身作则，任何教育终将徒劳无功。那么，父母应如何做呢？

第一，父母自己做不到的事，不应强求孩子做到。某日我到朋友家做客，晚餐后其女儿回房写作业，我们留在厨房收拾餐具，孩子的父亲则躺在沙发上刷朋友圈，手机里不时传出视频播放声。不一会儿，孩子按捺不住好奇心，凑到父亲身边看手机。父亲见状立即训斥：“妈妈不是告诉过你嘛，写完作业才能玩。学习要专心致志，明白吗？”

孩子脱口而出的反问令我至今难忘：“那为什么你们大人就不用学习呢？”面对这个尖锐的问题，父亲没有正面回应，而是怒喝道：“赶紧回屋写作业！”待我们收拾完厨房，朋友检查孩子作业时发现其竟在偷玩玩具，又严厉责备了她。随即传来孩子带着哭腔的质问：“为什么只让我学习，你们却能玩呢？”

这声稚嫩的反问，实则是千万孩童共同的心声。每个父母都怀着望子成龙的期许，倾尽资源为孩子报各类辅导班、安排精英课程，恨不得让孩子在人生起跑线“展翅翱翔”。然而在全力托举孩子时，多数父母却遗忘了最关键的支点——身教胜于言传。

那些终日沉迷麻将、追剧的父母，如何让孩子信服“读书改变命运”？要求孩子远离手机自己却机不离手的父母，怎会有教育说服力？教导孩子与人为善却惯于议论他人的父母，又如何树立道德标杆？当父母自身言行相悖时，再动听的说教都会失去力量。

家庭教育本质上是一种亲子的共同成长：要求孩子做到的，父母首先要躬身践行；希望孩子远离的，父母必须率先戒除。唯有当父母成为行走的教科书，家庭教育才能真正实现“一棵树摇动另一棵树，一朵云推动另一朵云”的深远影响。

第二，父母以身示范胜过万语千言。一位优秀的老师或许能影响孩子三五年，但父母对孩子的影响将贯穿其整个人生。作为孩子的第一任老师，父母更应成为孩子一生的精神楷模。孩子的成长历程不可逆转，作为教养者，父母须重视自身的示范作用：以高标准自我约束，坚持学习反思，改正不良习惯。只有父母以身作则，用良好的言行举止潜移默化地对孩子进行教育，方能在“润物细无声”中完成价值传导，帮助孩子构建健全人格，为其铺就通向光明未来的基石。

在儿童尚未建立完整是非观的阶段，父母的每个举动都是孩子丈量世界的标尺。从父母待人接物的修养到处事决断的方式，孩子在日复一日的耳濡目染中完成认知建构，这些细碎的生活印记终将沉淀为性格与行为定式。即便孩子成年后具备独立判断能力，经年累月浸润形成的思维惯性仍如引力般难以摆脱，那些在成长过程中反复强化的行为模式，终将在人生轨迹上投射出父母的影子。父母为孩子树立的榜样，会成为孩子发展的内在驱动力量，比单纯说教更具效力和持久性。教育方法纵有万千变化，但说到底，想要孩子成为什么样的人，最好的办法是父母自己先成为那样的人。

第三，从生活点滴做起。虽然孩子上学后大部分时间是在校园里度过的，但他们的性格塑造、良好习惯养成、阅读兴趣培养、意志力形成乃至获取幸福的能力，大多依赖于家庭生活。不可否认，在孩子成长过程中留下深刻印记的，往往不是老师或学校教育，而是父母和家庭环境。若想真正发挥榜样作用并给予孩子积极正向的影响，父母应当注重以下方面。

（1）恪守公共文明准则。父母应当以身作则遵守社会公德，例如，不逃票、不横穿马路、不在公共场所大声喧哗，避免言行给他人造成不便等。当父母在日常生活中践行这些准则时，孩子便能在潜移默化中形成规则意识，学会自觉约束自身行为。

（2）保持良好品格。父母要诚实守信，宽容大度，不随意评价别人，注重情绪管理。

（3）营造良好的家庭阅读氛围。父母要养成良好的阅读习惯，将亲子共读设为每日必修课。

这些看似寻常的身教示范，虽不似教科书般系统严密，却如春风化雨浸润孩子生活的点点滴滴，无须昂贵投入，但对孩子而言，却是一笔巨大的财富。

在鼓励与批评中寻找平衡之道

一、鼓励和批评都是教育的手段

我们教育孩子时，总是希望帮助他们养成良好的习惯、培育优秀的品德，并成为全面发展的人才，即成才。所谓成才，正如树木成才之道：若要以参天高度为培养目标，就需在树苗生长时用直棍支撑其主干，当发现枝杈生长影响成才甚至危及存活时，则要及时修剪。在教育中，鼓励如同支撑树木成长的直棍，批评恰似修枝的剪刀，本质上都是不可或缺的教育手段。无论采取何种教育方式，都应基于教育对象和具体情境灵活选择，而非将鼓励或批评本身视为目的。有的父母在教育孩子时以鼓励的方式为主，长此以往可能导致孩子自我中心、缺乏同理心、难以承受失败；有的父母教育孩子时多用批评的方式，目的是通过引发孩子的愧疚感促使其行为改变。在传统教育观念中，父母普遍相信这种愧疚感能够有效驱动孩子矫正行为。

但是，我们或许曲解了鼓励的真正含义。心理学家卡罗尔·德韦克通过长达十年的研究揭示了鼓励与表扬的本质区别：经常接受表扬的孩子在遭遇挫折时更容易选择放弃，而长期获得鼓励的孩子则表现出更强的挑战意愿，更愿意尝试具有难度的事情。具体而言，鼓励与表扬的核心差异主要体现在以下几个方面。

（1）鼓励关注过程，表扬则看重结果。在表扬的语境中，只有当孩子取得成就时，才会得到表扬。如“太棒了，你考了 100 分！”而鼓励更关注孩子在过程中的努力，例如，“你每天早晨都多花 10 分钟早读，这个分数是你努力的结果”。

（2）鼓励对事，表扬对人。当父母表扬孩子时，通常会说：“你真聪明！”“你真能干！”这是对人的主观评价。而当父母转换为鼓励性表达时，则可以说：“你刚才自己洗了袜子并晾好了，下次也要继续保持啊！”这种方式通过客观描述具体行为来引导孩子，既避免了主观评价，又明确了行为方向。

（3）鼓励旨在激发个体对自我的内在认可，而表扬则依赖于他人给予的外部认可。经常接受表扬的孩子容易形成对他人评价的过度依赖：获得夸奖时，他们才能确认自身价值；面临挫折时，则倾向于进行自我否定。这种完全依托他人评价建立的自我认知体系，将影响人格的健全发展。相比之下，经常获得鼓励的孩子更善于理性分析他人对自己的评价，能够从自身行为中汲取好的经验，即便身处不利的环境，他们仍能坚持自己的想法。

从本质上看，表扬隐含着父母权威主导的行为控制机制——通过价值诱导使孩子行为符合预期目标,其实质上是一种规训手段。而鼓励则着眼于激活孩子的内驱力,能及时关注到孩子的积极与努力,通过持续的正向反馈帮助孩子养成良好的行为习惯。

二、鼓励和批评的价值

个体的成长主要存在两种驱动模式:恐惧驱动与热爱驱动。批评往往滋生恐惧,鼓励则更易培育热爱。现实中,许多父母实施批评教育时,常通过激发孩子的羞耻感促使其认识到存在的问题,典型方式包括吼叫、责骂与人格否定。从短期效果观察,这种教育方式确实能立竿见影。父母惯用的批评话语,如“几点了还不起床,真懒!”“不好好学习,以后只能扫大街!”“这道题教了多少遍还不会,真笨!”迫使孩子迅速调整行为以重新获得父母认可。然而,这种恐惧驱动教育模式导致的后果往往被忽视:其本质是对生命力的持续性损耗,具体表现为亲子关系破裂,部分孩子出现抑郁倾向、厌学情绪。更深远的影响在于,恐惧驱动将导致个体形成低价值认同,丧失感知喜悦与幸福的能力。这类孩子即使成年后努力工作、拼命挣钱,甚至成为工作狂,背后支撑他的仍是深深的恐惧,他怕失败、怕落后、怕别人笑话,难以真正享受工作与生活。相较之下,在鼓励教育下成长的孩子形成热爱驱动机制,他们学习或从事某项活动是出于兴趣或热爱,而非外在的威胁和奖励,从而获得可持续的成长动能。

我女儿上小学时有个习惯,总爱把写错的字涂成一个又一个墨团。我猜想当她用粗重笔触将错字层层覆盖时,内心或许正怀着被老师批评的恐惧。这种反复涂抹的行为,可能正是她将外界评价内化为自我否定的表现。试想当时若我对着这些墨团大发雷霆,厉声斥责,恐怕只会加深她的恐惧,让她在心底不断强化“我确实写不好字,我就是无能”的自我认知。因此我选择忽略那些墨团,只是平静地陈述事实:“今天你有七个字达到了书写标准,比昨天进步了两个。”她紧绷的肩膀突然松弛下来,仿佛被注入了新的力量,握紧铅笔继续认真书写。望着那个小小的身影执着攻克人生初阶的“难关”,我的眼睛湿润了,为女儿的坚持而感动。整个小学阶段,对女儿进行持续鼓励始终是我的家庭教育主旋律。记得一年级入学时,由于未进行幼小衔接学习,她的成绩一度在班里垫底。我知道孩子刚上学时有些吃力也是正常的,就一直鼓励她,告诉她“你是最棒的”。果然到下半学期,她便稳稳地跟上了教学进度。我从不关注她在班级里的排名,只在意她是否真正掌握了知识点。升初中时,她以优异成绩考入全市顶尖的中学。她愈发阳光自信,朋友圈不断扩大,作业本上常出现老师“构思新颖”“解题富有创意"的评语。我深信，这份在爱与肯定中滋养出的乐观品格、在正向反馈里培育出的坚韧心性，以及被充分保护的创新思维，终将成为她人生路上最珍贵的行囊。

三、鼓励和批评的艺术

1. 给孩子一定的自主权

内驱力是源自孩子内心、以主动性和自发性为特征的心理能量。当孩子具备内驱力时，他们会主动设定目标、制订计划并付诸行动，既不需要父母施加压力，也不会依赖外部奖励。例如，有的热衷角色扮演的孩子，将节省的零花钱用于发展个人爱好，他们自主设计的服装往往融入了创新元素，非常新颖；有的孩子痴迷艺术创作，其作品展现出的想象力可谓天马行空。这些源自内心的热爱让孩子即使面对困难也依然保持积极的心态，并愿意为之持续努力。

要激发孩子的内驱力，必须给予其适度的自主空间。对此我有深刻体会。女儿上小学一年级时，我将零花钱的支配权交给她，设定每周总额度后，具体使用完全由她自主决定。二年级选择兴趣班时，她试听课程后自主决定是否选择上，因为强迫只会扼杀学习热情。她上初中时开始流行玩网络游戏，我将玩平板电脑的支配权给了她。我们协商确定每周总时长，具体时段分配仍由她自主安排。这些自主实践最终养成了女儿节俭、自律的品格。

在学习规划方面，从女儿上小学一年级开始，我便引导她制订学习计划并列出任务清单。我赋予她的自主权是：每日学习总量固定，但可自主安排作业与练习的时间。经过持续引导，到小学五年级下学期时，她已能在最短时间内高效完成既定任务。尤为显著的是，在五年级暑假期间，她每天清晨六点半起床争分夺秒地学习，午饭前便能完成全天任务，下午便能轻松愉快地与爷爷去公园游玩。这种自主管理能力在女儿的高中和大学阶段发挥了重要作用，使她在繁重的学业中保持高效学习的状态。

需要强调的是，对于初高中阶段的学生而言，相比知识灌输，自主权的赋予具有更深远的意义。给予孩子自主权本质上是对其人格的尊重与能力的信任，这种正向的教育态度将转化为孩子的内驱力，激发其自我管理的勇气、持续行动的力量以及严格自律的品质。

2. 鼓励与批评的平衡

研究表明，孩子内驱力的形成主要与两个要素有关。首要因素是学习过程中获得的成就感，这种正向体验如同成长催化剂，能激发孩子的学习兴趣，使其有持续学习的动力。其次是来自外界的鼓励与肯定，这是塑造内驱力的关键。部分孩子厌学，往往与父母过度吝啬鼓励、习惯性抱怨或频繁批评密切相关。若要培养孩子的学习兴趣，父母需具有较好的情绪管理能力，能控制好自己的情绪、行为与语言。

部分父母常困惑："我已给予孩子充分的鼓励，为何收效甚微？"其实，教育引导的关键在于鼓励与批评的平衡。心理学领域著名的"洛萨达心理线"为此提供了科学依据：当积极情绪（如鼓励）与消极情绪（如批评）的比值达到 17∶6 时（约为 3∶1），个体的心理状态最为积极向上。具体而言，父母在提出批评前需确保已实施三次有效鼓励。当积极情绪与消极情绪的比值低于 17∶6 时，孩子易陷入消极状态——这正是部分青少年出现抑郁倾向的重要诱因。值得注意的是，该比例并非单向调节：当积极情绪与消极情绪的比值远高于 17∶6 时，反而会导致个体心理韧性下降，此时即便外界持续鼓励也无法产生积极效果。唯有恰如其分地维持积极情绪与消极情绪的平衡，教育干预才能真正生效。

3. 给孩子积极的暗示

有个孩子在学校里特别好动，总是坐不住。老师特意找到孩子妈妈，让她回家好好"管教"孩子。放学后，妈妈对孩子说："知道今天老师跟我说什么了吗？她说你比昨天多安静了三分钟。"第二天，妈妈又对孩子说："老师说，今天你比昨天又多安静了五分钟。"经过一段时间的鼓励，孩子最终真的能够专心听课了。这就是积极暗示的神奇力量。

那么，父母应该如何给孩子积极的暗示呢？

首先，少用否定句，多用肯定句。例如，把"别紧张、别有压力"改为"放轻松，慢慢来"；把"看电视别那么靠前"换成"往后坐一点"。

其次，要就事论事，不要动辄进行人身攻击。尤其不要对孩子说："你蠢得像猪一样！""没见过像你这么差的人！""你让我太失望了！"……

最后，父母要避免使用绝对化表述："你总是……""你从来都是……""你就是……"

此外，多用积极语言引导孩子改善行为。例如，当孩子因贪玩忘记写作业时，不要说："我看你就是故意不写的吧？！""一点儿都不自觉！"可以说："偶尔忘记写作业是正常的，我相信这只是特殊情况。你向来重视学习，今后肯定会更自律。需要帮助的话，随时告诉我。"当孩子写作业出现漏题漏字时，不要说："你总是这么粗心！”可以说：“你有能力做好这件事情，睡前我们可以一起检查作业，为第二天做好准备。”当孩子出现攻击行为时，不要说：“你就是个惹事精！”可以说：“我知道你是个有正义感的孩子，下次遇事尝试用沟通代替肢体冲突，我相信你能找到更好的解决办法。”当孩子说谎时，不要说：“嘴里没有一句实话！长大了还了得？”可以说：“我知道你是因为害怕被批评才没说真话，我相信你想做个诚实的好孩子。无论发生什么，爸爸妈妈永远爱你。”

请始终相信并鼓励孩子！这些充满力量的黄金句子请每天对孩子说：“我知道会好起来的！”“你有能力面对挑战！”“你可是被眷顾的幸运儿！”……

陶行知先生曾说：“你的教鞭下有瓦特，你的冷眼里有牛顿，你的讥笑里有爱迪生。”幸福的童年能治愈一生，不幸的童年需要一生去治愈。其实每个孩子都在父母的言语之弦上起舞——那些脱口而出的鼓励的话语，或许正在勾勒孩子未来的人生轨迹。

愿所有父母都能领悟教育的真谛，用爱与包容浇灌每一株成长的幼苗。

责任感：成就人生的基石

责任感是指个人对自己和他人、对家庭和集体、对国家和社会所负责任的认识、情感和信念，以及与之相应的遵守规范、履行义务的自觉态度。责任感是孩子健全人格的重要组成部分，是能力发展的催化剂。责任感培养应遵循以下规律：从自己到他人，从家庭到学校，从小事到大事，从具体到抽象。

一、培养责任感的意义

责任感如同空气般渗透于生活的每个角落。开展责任感教育是父母必须践行的育儿准则——从个人发展角度，这是成才的基石；从社会价值层面，这是成人的根本。责任感对孩子的发展至关重要，是其未来立足社会的关键支撑。正如幼苗需先扎根方能成才，孩子唯有做好当下应尽之责，才能在未来真正肩负家国重任。

责任感是一个人超越智商与外貌的核心竞争力。父母固然期待孩子聪慧伶俐，但当稚童踏上成长征程时我们便会发现：越早培养其责任意识，其发展会越好。我始终坚信，责任感是人格塑造的首要品质。当卓越天资与强烈责任感相结合时，必将成就非凡的人生。

需特别强调的是，责任感并非人先天具有，而是需要父母和老师在后天的教育中对其进行培养。缺乏责任感的孩子步入社会后将面临严峻挑战：在团队协作中难担重任，在集体生活中易失分寸，这些都将成为其人生道路上的隐形障碍。

1920 年，一位 11 岁的美国男孩踢足球时不小心踢碎了邻居的玻璃，面对 12.5 美元的赔偿要求，男孩向父亲认错。父亲要求他为自己的过失负责，男孩为难地说："我没有钱赔给他。"父亲提出解决方案："我先借给你，一年后归还。"男孩答应了。从此，每逢周末假日，男孩便通过做各种零工赚取报酬，半年后终于攒够 12.5 美元还给了父亲。这个男孩正是日后成为美国总统的罗纳德•里根。

多年后里根回忆道："父亲让我用劳动弥补过失，这让我真正理解了责任的含义。"这位父亲的教育智慧值得借鉴：当孩子年幼时，父母就应培养其行为责任意识。如果孩子的过错总是要父母来替他承担，那他永远也不知道什么叫责任。每个孩子都如同未经雕琢的璞玉，唯有亲身经历生活的磨砺，方能蜕变为成熟的社会个体。所以，父母不要试图替孩子承担一切，否则会淡化孩子的责任感。

过去常听别人说要让孩子学会承担责任，于是在女儿两岁半时，我就强制要求她完成某些任务。例如，她喜欢将整箱玩具倒在地上玩耍，我看到后会生气，因为这意味着要帮她收拾满地的玩具。于是我便命令她必须把所有玩具放回原位，导致她每次都要花费很长时间才收拾完。如今回想起来，那时这个要求确实超出她的能力范围。作为父母，我们应当明确分辨哪些事情是孩子当前发展阶段可以轻松完成的。也就是说，赋予孩子的责任必须在其能力范围之内。例如，三岁幼儿已具备的能力包括自主进食、独立洗手、独自如厕、穿戴简单衣物和鞋子等。而十岁儿童由于各方面能力显著提升，基本可以做到生活自理，这时就应让其承担起照顾自己的责任。

父母不妨花点时间，准备一支笔和一张纸，列个清单——仔细想想，根据孩子的年龄和能力，哪些事情是其可以独立完成的。如果不太确定，可以查阅相关育儿资料，也可以与同龄孩子的父母交流，从而形成清晰的认知。

二、责任感对孩子的影响

1. 责任感强的积极作用

第一，能够提升内驱力。当孩子发自内心地想要完成某件事情时，往往更容易取得成功。责任感与内驱力具有正相关性，因此责任感强的孩子往往具备更强的内驱力。责任感强的孩子即使遇到困难，内驱力也能促使他们勇敢面对挑战。

第二，能够增强实践能力。“心灵手巧”揭示了手脑协同发展的规律，反之，手部动作不协调也可能影响大脑发育。看似简单的家务劳动实则意义重大，因为其是培养孩子责任感的重要途径。

第三，有助于培养担当精神。部分孩子遇事习惯推诿责任，将过失归咎他人而非反思自身，导致个人的成长和发展受到阻碍。而责任感强的孩子往往敢于直面问题、承担后果，这种担当精神不仅有利于问题的解决，也有助于建立和谐的人际关系。

2. 责任感弱的消极作用

父母如何判断孩子是否缺乏责任感？可通过以下特征进行鉴别。

（1）缺乏同理心。责任意识薄弱的孩子通常表现出强烈的自我中心倾向，既不能体察他人感受，也不懂换位思考。这类孩子在利益冲突中往往选择损人利己，面对自身过失时惯于推诿塞责，而非反思改进。

（2）逃避。表现为决策时拒绝采纳合理建议，行事固执己见；遭遇挫折时无法正视失败，通过编造借口逃避责任。这种防御机制实质上反映了其缺乏责任感。

（3）持续性不足。坚持是指能把事情有始有终地做完，这是非常好的品质。缺乏责任感的孩子，遇到不顺利的事情就会轻言放弃，止步不前。这种过早放弃的倾向不仅会逐渐削弱孩子的自信心，更会导致其陷入“能力怀疑—消极逃避—再度失败”的循环困境。

（4）过度依赖父母。典型表现为生活自理能力与年龄不匹配，对自己应做的事情消极拖延，最终还是找父母帮自己做。这种习惯性依赖他人的表现跟责任感缺乏有关。

记得有一次，一位同事着急去上课，但她的家人外出未归，三岁的孩子一时无人照看。情急之下，她便把孩子托付给我当时年仅八岁的女儿。彼时女儿正在楼下和小伙伴玩耍，接到嘱托后便一直带着同事的孩子在游乐区活动，不仅全程牵着他的手，还耐心陪他玩滑梯、捡树叶。直到同事家人归来，她才将孩子安全交还。事后，同事在我面前对女儿连连称赞。

时隔数月，一次闲聊时女儿主动提起这件事。女儿说：“当时看见小伙伴们都在兴高采烈地玩陀螺，我却要跟着‘小不点儿’到处转悠，心里急得像猫抓似的。”

我问她:“既然想玩又不愿照看弟弟,为什么不直接拒绝阿姨呢？”女儿答道:“一来看阿姨急得额头都冒汗了,二来——最重要的是妈妈常说要做有责任感的人。”

这些确实是我从小对孩子的教导,期盼她成长为有爱心、有责任感、值得信赖的人。令我欣慰的是,时光荏苒间,孩子已悄然成长为心中有爱、懂得关怀他人、开始发光发热温暖大家的人了。

三、培养责任感的方法

责任感是孩子应当具备的一项优良品质。孩子责任感的培养需要父母从小进行有意识地引导,若父母对此重视程度不足,孩子的责任心则难以有效形成。

1. 认识责任感的重要性

责任感是人格的重要组成部分。具有强烈责任感的人会主动承担对自己、他人及社会的责任,并竭力完成应尽之事。在家庭教育中,我始终重视对女儿的责任感的培养。她的学习动力完全源于责任感、内驱力,而非外在要求。自童年时期,我便着重培养她的责任意识。我给她举了一个简单的例子,若未来没有稳定的职业,即便父母有工作和退休金,仍会为她的生活担忧,她也难以承担赡养责任。于是,她从小就立下奋斗目标——通过自身努力为父母、为自己提供更优质的生活保障。

培养责任感重在树立担当意识。以我女儿为例,她一直在默默地努力,无论是对待学业还是对待工作都全力以赴。她就读南加利福尼亚大学期间,毕业典礼当日共餐的两位同学后来确诊为COVID-19阳性,她怕我担心就没有告诉我,自己沉着应对,自行隔离直到确认无恙后才告诉我。

2. 做有责任感的父母

父母对孩子的影响不仅是深刻的,更是持续终生的。父母在日常生活中展现的责任感,形成了孩子最初的责任意识。父母对家庭及社会有责任感,孩子也会成长为对家庭和社会有责任感的人。若父母对家庭与社会缺乏责任感,则难以培养出具有责任感的下一代。

3. 锻炼孩子独立做事的能力

随着孩子长大,父母要逐步教会孩子“自己的事情自己做”,提出明确的做事要求,鼓励孩子认真完成。如果孩子遇到困难,父母可给予指导,切勿包办代替,让孩子有机会把事情独立做完。

4. 鼓励孩子做事有始有终

孩子的好奇心强，对新鲜事物总想去尝试探索，但由于他们的随意性较强，所以做事往往虎头蛇尾甚至半途而废。因此，当交给孩子任务时，即便是非常简单的日常小事，父母也应进行检查、督促及并对结果进行评价，以帮助孩子养成持之以恒、认真负责的良好习惯。

5. 多参加公益活动

如今社会上有不少公益组织定期开展公益活动，父母可鼓励孩子积极参与。孩子在参与公益活动的过程中，不仅能锻炼动手能力，更重要的是能深刻体会助人之乐。通过持续的社会实践，孩子的责任意识会逐渐增强。以我女儿为例，自小学阶段起，我便常带她去福利院探望老人。即使在紧张的高三乃至后来赴美留学期间，她始终保持着参与公益活动的习惯。

6. 学会承担后果

每个人都要有担当，这是责任感的体现。敢于担当不仅需要勇气，更需要智慧和坚韧。与其反复说教，不如让孩子亲身体验承担后果的深刻教训，学会接受错误并反思行为。当孩子犯错时，父母应教导他们对自己的行为负责，主动承认错误——这正是孩子成长过程中不可或缺的重要一课。

养成自律习惯，激发内驱力

自律决定着孩子未来的人生高度。从他律到自律的转化是一项复杂且漫长的系统工程，无法一蹴而就，需要持续投入耐心、恒心和毅力。当完成这个关键性转变时，终将迎来“柳暗花明又一村”的豁然开朗。

一、自律

自律是指在没有外界监督的情况下，通过自我要求化被动为主动，自觉遵循行为规范，并以此约束自身言行的能力。

自律通常源自原生家庭的影响。例如，父母从小对孩子严格要求，规定必须完成作业后才能玩耍、禁止在墙面涂画、物品使用后放回原位、坚持每日晨起锻炼等，这些持续的规范引导会逐渐转化为孩子的生活习惯，进而内化为自律意识。

自律也源于自我意识的觉醒。当个体经历突发刺激、家庭变故、邂逅心仪对象或进入特定年龄阶段时，往往会触发改变现状的意愿，从而产生自律诉求。此类情境下，个体维持自律的愿望相对较强。

自律亦可通过提升自我认知得以实现。当人们深刻意识到自己想真正掌控生活、把握人生的时候，自然会通过自律来实现目标。长期稳定的自律状态需依托习惯养成，通过潜意识强化自律行为。自律习惯包括规律的作息、自觉的学习、有计划的理财、高效的工作等习惯。

总体而言，自律的形成机制比较复杂，既受原生家庭环境、社会文化背景、个体成长经历等外源性因素影响，也受个体因素影响。但无论如何，自律作为一种重要的个性品质，在促进个体成长与价值实现方面具有不可替代的作用。

在孩子自律习惯的培养问题上，父母普遍存在认知矛盾：既期待孩子具有自主管理能力，又希望孩子能按照父母的想法去做。需特别指出的是，处于过度管控环境中的孩子，其自我调节机制的发展空间被显著压缩，反而难以形成真正的自律能力。

常听到父母抱怨孩子做事敷衍，却不知这背后是因为父母未能分清自律与他律的区别。有时看似是父母在教育孩子养成自律习惯，但实际上只是孩子在被动状态下完成的他律而已。

真正的自律是在认真且主动的自由状态下完成的。如果孩子本不想做某件事，那么在父母强迫下完成的任务往往毫无质量可言。

他律是在他人催促引导下进行的行为，而自律则是内在驱动的自主行为。实际上，培养孩子的自律品质并非要求父母完全放任，而是让父母作为引导者、旁观者为孩子提供必要的指导。

自律并非与生俱来，需要父母通过后天引导帮助孩子养成。在孩子的成长过程中，父母应通过引导、帮助激发孩子的内驱力，因为无论是在学习还是在生活中，内驱力发挥的作用比外力更大。

还记得有一年中秋假期，我打算彻底打扫家里的卫生，于是笑着邀请女儿加入大扫除。小家伙撇撇嘴满脸不情愿："才不要呢，我要去看书。"于是我只好孤军奋战。一小时后，女儿跑来看进度，盯着我手中的魔力擦问道："妈妈，用这块海绵擦桌子就能变干净？"我边示范边解释："是啊，你看一擦就干净，是不是很神奇？""哇！果然好神奇，我也想试试！"女儿跃跃欲试。我递给她一块新魔力擦。只见她利落地将书桌擦得锃亮，很快我们就把家里收拾得窗明几净。之后，女儿惬意地躺在地板上享受着我俩的劳动成果，提议道："妈妈，下周还能一起打扫吗卫生？太好玩了！"我高兴地同意了。真是"无心插柳柳成荫"啊！

回想整个过程，最初让女儿参与打扫是我的要求和基于父母权威，这种外力遭到了孩子的抗拒；而当她自发参与时，外力就转变为内在的探索乐趣和成就感。从"要我做"到"我要做"，关键在于内驱力的觉醒——当孩子真正感受到参与的快乐和价值时，主动投入便水到渠成。

二、内驱力

教育心理学家珍妮•爱丽丝•奥姆罗德将动机分为内在动力和外部推动力（也可称为"内驱力"与"外推力"）。其中，内驱力源于孩子的内心，能持续推动其主动追求自我设定的目标。"教育不是注满一桶水，而是点燃一把火。"在教育中，要使孩子完成从被动接受知识到主动探索知识的转变，关键在于激发孩子对知识的渴求，培养其自主学习、积极汲取知识的内驱力，这正是教育的终极目标。

内驱力的本质在于主动性。当孩子渴望自主探索、期待通过自身努力获得成功时，正是其内驱力在发挥作用。然而许多父母反复阻挠甚至打击孩子，孩子即使有再强的内驱力也会在这种压制中逐渐消失殆尽。譬如，在新学期开始，孩子正准备制订学期计划，尚未表达想法，父母便已制订好全套方案："每日阅读 30 分钟，完成口算练习，跳绳 1000 次，钢琴曲目练习 30 分钟……"父母的这种单方面决策完全剥夺了孩子的参与权和主动权，导致计划执行了几天孩子就坚持不下去了。家长朋友们，不妨换位思考：如果您是孩子，看到父母这样安排有何感受？——必然是深深的无力感。父母未能意识到"孩子才是学习与生活的主体"，家长过度干预是对孩子主体性的剥夺，自然无法激发孩子的内驱力。

三、激发内驱力的方法

1. 将孩子视为评价的主体

若想真正激发孩子的内驱力，有一个方法十分有效——让孩子深度参与。智慧型父母会不断创造让孩子参与的机会。

（1）让孩子参与计划决策。

例如，新学期伊始，父母应充分调动孩子的主观能动性：首先请孩子畅谈个人想法，通过引导帮助其确立该学期的个人发展目标；继而根据孩子当前的能力水平与预期目标，共同制订可操作的行动计划。例如，在制订学习计划时，父母可先询问孩子“本学期你最希望提升哪门学科的成绩？”“计划如何分配各科学习时间？”等引导性问题。

（2）让孩子参与过程评价。

当父母与孩子共同制订的计划进入执行阶段时需及时建立动态发展评价机制。建议父母创建专属的“成长档案袋”，系统收录孩子每周的学习日志、每月进步清单、学期成果报告及年度成长轨迹。这个档案袋不仅是孩子成长的见证（可存放获奖证书、荣誉照片等实物），更是孩子自我反思的工具——通过定期（建议月末、期中、期末）整理档案、添加新材料，孩子能直观看到自己的成长足迹。例如，在翻阅某个月的英语听写记录时，孩子可能会发现“上周听写错了五个单词，这周只错了两个”，这种可视化进步将对孩子产生持续的内在激励作用。

2. 引导孩子注重过程

自律习惯的培养如同一条漫漫长路，永无止境。若想让孩子在自律之路上坚持走下去，父母需引导孩子从小关注过程中的成功体验，而非仅关注结果。每当孩子完成一项任务时，父母应引导其回望成长轨迹，细细品味过程中的点滴进步。当孩子在某个方面表现突出时，父母要不吝赞美之词，及时给予肯定。这种正向反馈既能增强孩子的自信心，又能激发其积极向上的内在动力。

3. 让孩子制定“自我责任清单”

明智的父母会让孩子理解一个人生道理：有的事情可以依据个人意愿决定是否选择，但有的事情属于个人的责任范畴，例如，个人生活管理、作息规划、课业完成等，这些事情是“自我责任清单”的内容，需由孩子独立完成。在帮助孩子制定“自我责任清单”的时候，父母需要注意以下五个方面。

第一，不要把孩子的责任变成父母的责任。

第二，让孩子学会为自己的决定承担后果。

第三，尊重孩子的人格和身心发展需要。

第四，当孩子遇到困难时，父母应该给予适当的引导而非代替其解决问题。

第五，从激发孩子的内驱力出发，引导其独立自主地成长。

要让孩子实现从他律到自律的转变，父母的教育态度及教育观念至关重要。当父母总是包办孩子本应自己完成的事情时，孩子便会丧失自我管理的能力；反之，若父母放手让孩子大胆尝试，并为其创设体验成就感的机会，孩子便能在过程中逐渐学会承担责任与自我管控，最终实现从被动服从到主动约束的转变。

总之，没有天生自律的孩子，自律习惯需依靠父母后天培养。与其强迫孩子被动学习，不如培养其自驱力。其实，许多孩子并非缺乏自律，而是缺少清晰的目标导向和良好的习惯。引导孩子学会在行动前制订切实可行的计划，并运用目标管理法帮助其梳理目标，才是培养自律习惯的前提与基础。

让孩子多视角审视公平

公平是指以公正的态度平等对待所有人，不因个人偏见而区别对待，并为每个人提供平等的发展机会。

一、公平及核心特征

我们可以将公平理解为"一碗水端平"的不偏不倚状态，也可以理解为推己及人的处世原则。

公平的品质包含以下三个核心特征：

第一，对人一视同仁，对事公正合理，避免让个人偏见影响判断、决策。

第二，赋予每个人平等的表达机会，为每个人提供相同的发展平台。

第三，确保资源分配和利益交换的公正性。

二、孩子眼中的公平

孩子对公平的认知往往与绝对平等、完全相同或平均分配相关联。他们认为每个人都应该获得等量的关爱、时间、关注、物质奖励及特殊权益。这种"别人有什么，我也要有"的思维模式，使得当现实与"完全一致"的理想状态出现偏差时，孩子就容易产生不公平的主观感受。

孩子开始在意"公平"，在意"差异"，从根本上讲，无疑是件好事。这说明孩子长大了，他们开始对世界及人与人之间的关系展开深度思考，并建立起自己的价值标准；这意味着他们已形成明确的规则意识、是非观以及日趋成熟的公平意识。

孩子眼中的公平观念并非总与成人完全一致。在某些情况下，孩子可能更关注自身感受与利益，而忽略他人权益与需求。此外，孩子的公平观念还受年龄、经验、家庭环境、社会文化等多重因素影响：年幼的孩子更在意结果是否均等，年长的孩子则更关注过程与规则的公平性。因此，父母需与孩子充分沟通，理解其想法与感受，引导他们正确认识和处理不公平现象。同时，也要向孩子解释公平的相对性。基于具体情境，父母尤其要注意以下两种情况。

一是感知偏差。若孩子长期感到不公平，易形成认知偏差。例如，孩子会因感觉缺乏关注而变得沉默寡言或情绪失控，表现为易怒、难以沟通及社交回避，严重影响人际关系与自个人成长。

二是“破窗效应”。若父母对孩子的不公平感受长期漠视，可能诱发“破窗效应”。“破窗效应”指环境中被纵容的不良现象会诱导他人效仿甚至变本加厉。当孩子发现别人的不公平行为未被纠正或及时制止时，可能模仿其行为，形成恶性循环。

三、父母应如何引导孩子认识公平

1. 坦诚告知孩子：公平与不公平都是普遍存在的客观现象

只要存在人际关系，就必然会产生比较，而比较自然会引发公平与否的感知。这个世界不存在绝对的公平——正如大小、高矮、贫富、美丑等概念皆源于对比，公平同样需要通过与不公平的对照才能显现。正因如此，公平始终与不公平相互依存。

2. 引导孩子理解：公平具有复杂性，需动态把握

研究表明，儿童常将公平等同于“平等”或“完全相同”，即认为每个人都应获得等量的时间与关注。这种认知本质上是对“公平”概念的初级解读。父母应引导孩子理解：真正的公平绝非机械化的“一刀切”，而是需要结合具体情境，在规则执行与人文关怀之间寻求动态平衡。

3. 公平与否基于个体需求

假设你的朋友已整日未进食，而你刚结束晚餐，此时是否仍需为双方提供等量食物？在此情境下，公平的界定将超越形式平等。孩子常陷入“他人有我也要有”的认识误区，但若忽视自身实际需求，仅以“公平即等同”的标尺衡量一切，难免会产生不满情绪。此时应引导孩子思考：我真正需要什么？我得到的是我想要的吗？

4. 对公平的认知随个体发展而改变

父母需引导孩子理解：伴随年龄增长、经验累积与能力提升，个体对公平的认知将改变。应使孩子明白，因年龄、能力及经验的差异，不同的人对公平的评

判标准也是不同的，不能仅仅站在自己的立场上评判公平与否，有时跳出自己的小圈子，结论可能大不相同。

四、父母应如何公平对待孩子

1. 尊重孩子

亲子间实现公平的前提是，父母需将孩子视为独立且值得尊重的个体，发自内心地对孩子予以认同。父母在与孩子相处时，应避免先入为主的偏见。唯有父母与孩子相互尊重，才能真正给予孩子公平的对待。

2. 摒弃成人主观意识

在家庭生活中，很多父母在进行抉择，尤其是在涉及孩子的问题上进行抉择时，会采用举手表决的方式。关于举手表决的方式，父母应注意：该方式需以理性思考为前提，但成人往往带有较强的主观意识。这种主观性容易使表决结果有失公允（尤其在孩子眼中）。建议采用儿童更易理解的随机性表决方式，如“剪刀石头布”“黑白配”等直观性强且结果不可预判的游戏形式，孩子会更乐于接受和认可。

3. 引导孩子衡量事件本身的利害关系

父母不可为追求形式上的公平，便将所有分歧事件都诉诸“剪刀石头布”进行决策。允许孩子参与选择的事项，应仅限于对其无实质负面影响的情形。若某项选择可能对孩子造成伤害，父母须果断行使否决权。

我的女儿在成长过程中，当遇到不公之事时，始终坚持：以淡然之姿接纳现实，既不沉溺于自怜情绪，也不对他人心怀敌意。她坚信：只管奋力向前奔跑，终将抵达属于胜利的终点，邂逅生命中最美的风景。

培养孩子的感恩之心

培养孩子的感恩之心是家庭教育的重要内容。当孩子学会感恩时，方能心怀感激之情，发现生活中的美好。懂得关爱他人、善待自己，不仅有利于塑造孩子健全的人格，更有益于孩子的未来发展。

培养孩子的感恩之心，父母应首先帮助孩子理解感恩的本质。感恩是每个人都应有的基本道德准则，亦是为人处世的基本修养。不知感恩或不愿感恩，既反映出个人修养的欠缺，也暴露出人文关怀匮乏、情感冷漠等深层问题。人作为社会中的一员，唯有学会感恩——感恩生活馈赠、感恩父母养育、感恩师长教诲，才能真正懂得珍视生命、关爱他人，从而收获内心的平和与喜悦。有感恩之心不仅能提升个体的心理健康水平，增强抗挫折能力，改善人际关系，还有益于身体健康。如果人人都能学会感恩，以同理心待人处事，社会也将因此变得更加温暖和谐。

那么，如何培养孩子的感恩之心呢？

第一，父母不应替孩子包揽一切。有的父母因过于疼爱孩子而陷入溺爱误区，不让孩子做这做那，既担心孩子做不好，又害怕孩子遭遇危险。但是，父母必须学会在适当的时候放手，否则孩子将永远无法真正成长。父母应重视培养孩子独立自主的习惯，因为当孩子独立做事时，才会体会到其中的不易，更能体谅父母的辛苦！

第二，培养孩子的同理心。同理心是形成感恩品质的基础。父母应引导孩子学会换位思考，理解他人的情感与需求。

第三，从点滴小事入手培养孩子的感恩之心。父母应将感恩教育融入日常小事，告诉孩子，世间没有理所当然的付出，接受帮助时要真诚道谢，更要主动回馈他人。要让孩子明白，每一份善意都值得珍视。

第四，鼓励孩子勇敢表达感激之情。教导孩子及时向他人表达谢意，无论是口头上的还是书面上的。这不仅可以增进孩子与他人的联系和沟通，还能让孩子更加珍惜他人的帮助。

第五，教导孩子珍惜生活。帮助孩子认识到生活中的点滴美好都值得珍视。通过参与种植、养宠物等活动，让孩子学会爱护生命；通过环保实践，让孩子理解保护环境的重要性；通过关注身边的人与事，教会孩子感恩他人给予的关爱和帮助。这些经历既能培养孩子的感恩之心，又能助力构建和谐人际关系。

第六，父母要以身作则。父母应在日常生活中发挥榜样作用，通过自身言行让孩子耳濡目染学会感恩。这种潜移默化的身教，实为培育孩子感恩品质最为关键且有效的教育方式。

为培养女儿的感恩之心，每逢周末，我都会带她到爷爷奶奶家或姥姥姥爷家。无论是中秋节、母亲节、父亲节，还是四位老人的生日，即使工作再忙，我也会带着孩子探望老人，并准备礼物表达心意，让孩子切身感受对长辈的尊重与孝心。这些孝行无关经济条件好坏，都是为人子女应尽的本分，却能潜移默化地培养孩子的感恩之心。

我在担任小学校长职务后，由于工作繁忙且孩子刚上小学一年级，父母便主动帮我接送孩子、操持家务。但老人的一些生活习惯和我们不一样，如做饭时常忘记开油烟机，导致我们下班回家时满屋油烟；偶尔饭菜偏咸或偏辣时，孩子也会直接抱怨。

为教育孩子体谅长辈的辛劳，我特意设计了一个教育场景。某日，我提前与母亲进行沟通："往后若饭菜偏咸、烧煳了，或忘记开油烟机时，我可能会故意抱怨几句，请您不要介意。"待晚餐时分，我故意挑剔道："今天菜怎么这么咸？厨房油烟味也太重了！"女儿起初用惊讶的眼神看着我，见我毫无收敛之意，便悄悄在桌下碰碰我的胳膊，低声劝道："别说了，姥姥会难过的。"我佯装未闻继续"抱怨"，女儿终于忍不住将我拉进房间认真说道："姥姥做饭多辛苦啊，我们不该这样发脾气。"

借此机会，我引导孩子换位思考：盛夏时节老人在闷热的厨房里忙碌，我们回到家就有现成的饭菜，怎能苛责口味？况且偶尔咸了或淡了实属正常。通过这次体验式教育，女儿深刻体会到：比起追求完美口味，更重要的是感恩长辈的付出。

父母还应重视让孩子参与家务劳动，以此培养其感恩意识，避免孩子形成不劳而获的习惯。随着独生子女越来越多，部分父母过度溺爱导致孩子习惯于"衣来伸手、饭来张口"的生活，对父母过度依赖。这样的孩子既不懂得珍惜生活的来之不易，也不会感恩他人的善意与付出。让孩子参与家务劳动，在父母引导下凭借自身努力获得所需，正是培养孩子感恩意识的有效方式。

父母也要引导孩子学会尊重他人。要让孩子深刻理解：父母赋予他们生命，家人给予其温暖关怀，老师传授其知识技能，同学与他们分享快乐。身边的每个人都值得尊重与关爱。要懂得感谢他人，善待每个人。

需要强调的是，孩子的感恩之心需要进行有意识的培养。研究者曾对 8～11 岁的小学生实施感恩干预实验，结果显示：即使是仅接受一周培训的学生，在感恩思维、积极情绪体验、正向社会行为（如撰写感谢信）及心理健康水平等方面均有显著提升。更值得注意的是，五个月后研究者对参与周期较长的学生追踪发现，这些积极效应呈现出持续增强的趋势。这证明，通过科学训练，感恩可以从短暂的心理活动发展为稳定的行为习惯，进而在孩子心中生根发芽，最终固化为终身受益的品质。

第八章
合力共育身心健康的未来人才

苏霍姆林斯基曾将儿童比作一块大理石，他说，把这块大理石塑造成一座雕像需要六位雕塑家：家庭、学校、儿童所在的集体、儿童本人、书籍以及偶然因素。现在社会上存在一种“5+2=0”现象，即五天的学校教育成果抵不过两天的家庭教育影响。这不得不让人深思。

孩子发展的差异性往往源于其父母的教育方式。如今，家庭教育已超越单纯的“家事”范畴，成为国家教育体系的重要组成部分。家庭教育的目的不仅是为家庭培育后代，更是为国家培养合格建设者。也就是说，当代父母的教育实践，实质是在书写国家的未来。随着《中华人民共和国家庭教育促进法》的实施，我国正式迈入“依法育儿”新阶段。家庭教育必须承载社会责任。父母既要关注孩子的个体发展，更要引导其认识自己的社会角色与责任。若将个人比作航船，家庭便是港湾。孩子的生命之舟在此启航、补给、休整、再次远征直至归港。

“1+1+1 > 3”

俄国作家克雷洛夫曾讲过一则寓言：龙虾、天鹅和梭鱼共同拉一辆车。它们各自铆足力气，龙虾拼命往后拖拽，天鹅竭力向空中飞，梭鱼奋力朝水里游，结果车子纹丝未动。这则寓言应用在教育领域生动说明了：若家庭、学校、社会三方不能形成育人合力，就如同向不同的方向拉车，终将徒劳无功。因此，家校社协同育人始终是社会关注的课题。

现实中，不少父母存在认知误区，认为教育完全是学校和老师的责任，这种观念亟须纠正！“教育”二字本就包含“教”与“育”的双重内涵。若只重知识传授而轻人格培育，父母角色缺位，孩子终难成才。家庭教育实为育人根基，老师无法替代父母，学校教育更无法取代家庭教育。父母是家庭教育的第一责任人。父母的高度，将成就孩子的高度；父母的格局，将决定孩子的格局。

这些年来，随着工作阅历的积累与职业视角的拓展，我接触了很多学生及家长，脑海中每个孩子的成长图景愈发清晰。同一所学校、同一个班级中，为何有的孩子学习效率卓然出众？为何有的孩子幼时表现平平，却在成长中迸发出超常潜力？正如近现代世界战争史所揭示，表面上是两国军队在战斗，但战争实则是综合国力的深度博弈。这种较量早在无声处悄然布局，远不止于战场本身。当少年走出高考考场，步入大学，继而踏入社会，何尝不是投身于一场场没有硝烟的战争？

有的父母或许疑惑："若我能将孩子培养得出类拔萃，老师还有存在的意义吗？"殊不知，家庭、学校、社会是支撑教育的三根立柱。其中，家庭作为最核心的支柱，不仅塑造孩子的初始样态，更决定着学校与社会对孩子教育的效度。相较于制度化的学校教育，家庭教育根植于血脉纽带，这使得父母对孩子的影响力超越了学校与社会。作为孩子的首任且不可选择的人生导师，父母的教育格局直接奠基了学校教育的起点高度——家庭教育的质量决定了学校教育的成效，其优劣差异往往在起点处便已埋下伏笔。

一、家庭教育与学校教育的联系与区别

1. 家庭教育与学校教育的联系

学校教育建立在家庭教育基础之上。苏霍姆林斯基曾将儿童比作一块大理石，他说，把这块大理石塑造成一座雕像需要六位雕塑家：家庭、学校、儿童所在的集体、儿童本人、书籍以及偶然因素。他将家庭置于首位，足见家庭教育在儿童成长中的核心作用。

很多教育家将家庭教育放在教育的首要位置。如夸美纽斯提出，家庭教育是母亲的膝前教育，这揭示了两层深意：其一，家庭教育需从小抓起；其二，家庭教育是所有教育的基础。没有良好的家庭教育，孩子在接受学校教育时必将遭遇多重障碍。因为当孩子进入学校，教育系统便会启动其标准化培养模式，按照既定目标实施系统化、规模化的重塑工程。此时，家庭教育所赋予孩子的品格、习惯与志趣等素养积淀，将显现出特有的价值。

单靠学校教育不可能将孩子培养成才。孩子的成长环境不仅限于学校，还涉及社会和家庭。学校、社会、家庭都会对孩子产生影响，其中家庭的教育和影

响尤为关键——无论这种影响正确与否，其作用都不会因学校教育的存在而消失。日常生活中常出现这样的现象：孩子在学校接受老师的正向教育，如“过马路走斑马线”“排队依次上车”等行为规范，然而到了周末，当一些孩子跟随父母闯红灯、争抢座位时，原有的学校教育效果就会大打折扣。有的老师感慨“5+2=0”现象，即五天的学校教育成果抵不过两天的家庭教育影响，这不得不令人深思。唯有优化家庭教育，建立家校协同机制，形成教育合力，方能使教育效果事半功倍。

学校教育难以全面兼顾学生在认知发展、道德养成及身心特征等维度的个体差异。父母不仅了解孩子的行为习惯、思想品德状况，而且了解自己孩子的兴趣爱好和性格特征。这决定了父母具备对孩子进行个性化教育的先天优势。唯有将学校教育与家庭教育深度融合，方能真正促进孩子全面发展。

学校教育会受到家庭教育的影响。许多老师和父母反映，当前不少孩子存在学习依赖性强、行为习惯不良、人际关系紧张等问题。这些问题的产生，与孩子早期的家庭教育密切相关。不同的家庭教育方式，往往造就孩子不同的人生轨迹。由此可见，孩子之间的差异本质上源于父母教育理念与方式的差别。一项针对北京市 108 名优秀中学生的调研显示：这些品学兼优的学生不仅学业成绩突出，且普遍具有远大理想，部分学生甚至在刚年满 18 周岁时就加入了中国共产党。深入分析发现，父母的身教言传是其成才的重要保障——这些父母普遍具备积极的人生态度和良好的文化修养，始终以高标准严于律己，言行一致。德国著名教育家福禄培尔曾精辟指出，国家的命运与其说是掌握在当权者手中，不如说是掌握在父母手中。这番论述深刻揭示了父母在孩子教育中的核心作用。

2. 家庭教育与学校教育的区别

学校教育有固定的场所、专业的师资、规范的教学计划与标准、系统化的教学内容以及严格的考核体系，属于典型的制度化教育。而家庭教育则依托血缘关系与亲情纽带，主要通过父母日常生活中的言传身教对孩子进行教育，尤其依赖父母以“润物细无声”的方式将教育理念渗透给孩子，本质上是一种以爱为核心的生活化教育。因此，家庭教育本质上属于养成教育。

由此可见，家庭教育的成效主要取决于家庭的环境以及父母对家庭教育的认知水平、教育理念、责任意识、教育态度与方法。这意味着提升家庭教育有效性的关键，在某种程度上在于提高父母的育儿素养与能力。

二、家庭教育要和学校教育形成合力

1. 家庭教育要主动配合学校教育

家庭教育必须坚持正确的教育方向，与学校形成教育合力，才能顺利完成育人重任。如果“各吹各的调”，教育理念相互矛盾，不仅会导致教育效果相互抵消，甚至会造成孩子思想混乱、无所适从。这如同雕刻大理石：若每个人都按照自己的想法随意雕刻，最终只能得到一块废料；只有依据同一图纸协同配合，才能雕刻出完美的艺术品。因此，家庭、学校、社会各方必须统一教育理念，保持步调一致，实现分工协作与密切配合。

在协同育人过程中，父母应当采取主动姿态，积极向学校靠拢，主动向老师请教。原因主要有三个：首先，学校是专业教育机构，老师不仅掌握了系统的教育理论，更具备专业教育能力；其次，老师通过大量教育实践，积累了丰富的经验，而多数父母因仅养育一两个孩子，教育视野相对狭窄；再次，老师可通过横向比较客观评估学生特质，而父母在单一参照系下容易产生认知偏差。

2. 学校应主动指导家庭教育

家庭教育不仅关系着国民素质的提升，更深刻影响着国家的发展。家庭教育已超越单纯的“家事”范畴，成为国家教育体系的重要组成部分。其目的不仅是为家庭培育后代，更是为国家培养合格建设者。苏联教育家马卡连柯曾深刻指出，父母对孩子所负的责任是他对社会所负责任的一种特殊形式。他强调：“现今的父母教育子女，就是缔造我国未来的历史，因而也是缔造世界的历史。”

作为教育的主阵地，学校在肩负培养学生成才重任的同时，也应承担指导家庭教育的社会责任。学校可通过建立家长学校、组织专题培训、开展个案咨询等多种途径，采取线上线下相结合、理论实践相融合的多元化指导方式，系统推进家庭教育指导工作。

三、家庭教育、学校教育和社会教育协同增效

家庭教育、学校教育和社会教育，一方面作为相对独立的实体，各自承担着不可替代的教育责任。家庭教育是以挖掘孩子的天赋潜能、培养性格与行为习惯为核心的个性化培育过程；学校教育是以培养德智体美劳全面发展的“社会人”为目标的共性化培育过程；社会教育则是通过多元途径与多维场景，以培养与时俱进、积极向上的合格人才为宗旨的综合化培育过程。另一方面，三者可协同配

合，有效增强教育实效。《中共中央 国务院关于进一步加强和改进未成年人思想道德建设的若干意见》明确指出："要把家庭教育与社会教育、学校教育紧密结合起来。"相较家庭教育，学校教育更具计划性、系统性和规范性，有利于孩子系统掌握知识体系并塑造健全人格；社会教育则在内容维度呈现多样性、实践性与补偿性特征，其灵活的教育形式有助于孩子了解社会现实、发展特长、完善人格。三者的协同配合能有效增强教育实效，实现"1+1+1 ＞ 3"的育人效果。

"家是最小国，国是千万家。"家庭是社会的基本细胞，孩子的健康成长、家庭的和谐美满与国家的前途命运紧密相连。当前，家庭教育已被正式纳入国家教育事业发展规划和法治化管理轨道。《中共中央关于制定国民经济和社会发展第十四个五年规划和二〇三五年远景目标的建议》明确提出，"健全学校家庭社会协同育人机制"。这是对"十四五"时期建设高质量教育体系提出的新的更高要求，是将全面贯彻党的教育方针、坚持立德树人落实到基层的重要要求，是我国教育事业"五育并举"和"三全育人"相结合的实现方式。因此，家庭、学校和社会应该共同努力，密切合作，共同肩负起教育责任，为下一代的成长奠定坚实的基础。

依法育儿

在中国传统思想中，"法不入家门"曾一度根深蒂固。正如当下流行的一句话，"家不是讲理的地方，而是讲爱的地方"。作为父母，我们往往更多地思考如何关爱孩子、保护孩子、培养孩子，却鲜少意识到家庭同样需要遵循理性原则，甚至应当注重法治规范。时至今日，"丧偶式育儿""溺爱式或棍棒式育儿"等现象屡见不鲜……这些现象的产生虽有多重原因，但不可否认的是，其根源最终都指向了家庭教育。

严重的家庭教育失当会直接侵害孩子的合法权益，家庭暴力便是典型例证。家庭暴力是指家庭成员之间以殴打、捆绑、残害、限制人身自由以及经常性谩骂、恐吓等方式实施的身体、精神等反面的侵害行为。家庭暴力不仅危害孩子的心理健康，更侵害了孩子的合法权益，阻碍孩子健全人格的形成，对其成长产生负面影响。

在中国传统社会，家庭教育长期被视为私人事务，国家与法律未过多干预家庭教育。子女教育历来被归入家庭事务范围，父母对子女教育享有控制权。近代以来，随着教育现代化理论的发展，家庭教育的法治化进程逐步加快。随着经济社会的发展，家庭结构与功能变化，家庭教育领域暴露出的各类问题已严重阻碍少年儿童的健康成长与未来发展。2022 年 1 月 1 日，《中华人民共和国家庭教育促进法》正式实施，标志着我国进入依法育儿新时代。下面通过具体案例解读该法律实践。

小强自幼随父母在老家生活，后因母亲工作调动转至外省生活就学，其父仍留守原籍工作。母亲因工作繁忙疏于关心小强的学习生活，父亲仅偶尔通过电话简单问候。因生活习惯差异难以适应新的生活和学习环境，小强开始与不良社会青年接触并频繁夜不归宿。2020 年，小强因参与打架斗殴受到公安机关治安处罚，但其父母仍未加强对小强的教育监管责任。2021 年底，小强因聚众斗殴被法院以寻衅滋事罪判处有期徒刑一年两个月。案件审理过程中，法院认定小强父母长期怠于履行监护职责，且缺乏科学家庭教育方法，依据《中华人民共和国家庭教育促进法》第四十九条规定，依法对监护人做出训诫决定，同步签发《家庭教育令》，责令其限期接受专业家庭教育指导，全面履行法定监护职责。

根据《中华人民共和国家庭教育促进法》，家庭应当切实履行家庭教育主体责任。该法总则第四条规定："未成年人的父母或者其他监护人负责实施家庭教育。"在第二章"家庭责任"中，第十四条进一步明确："父母或者其他监护人应当树立家庭是第一个课堂、父母是第一任老师的责任意识，承担对未成年人实施家庭教育的主体责任，用正确思想、方法和行为教育未成年人养成良好思想、品行和习惯。共同生活的具有完全民事行为能力的其他家庭成员应当协助和配合未成年人的父母或者其他监护人实施家庭教育。"

履行家庭教育主体责任，首要的是落实未成年人的生命健康保障责任。父母通过婚姻缔结孕育新生命，新生儿亟须监护人的精心呵护。婴儿出生后完全依赖照料者生存，其本能地寻求母亲庇护，在怀抱中获取安全感。正因如此，《中华人民共和国家庭教育促进法》特别强调父母亲自养育、加强亲子陪伴的重要原则。

家庭还应履行好对孩子的社会责任。个体从自然人向社会人转化的过程中，家庭教育特别是家风培育，将对孩子产生最为深远持久的影响。这种影响体现在价值观塑造、是非判断能力培养及行为规范建立等方面。若父母因工作繁忙将教养责任转移给祖辈或保姆，可能导致亲子关系疏离。发展心理学研究表明，儿童的成长具有显著的依恋特征，其主要抚养者往往成为其情感依附对象。稳固的亲子纽带不仅是孩子的安全感与幸福感的来源，更是家庭教育有效实施的前提——当孩子对父母产生深度信赖与情感认同时，家庭教育方能真正实现良性互动。

根据《中华人民共和国家庭教育促进法》的相关规定，家庭在履行对未成年人的生命教育和社会责任义务时，应从以下六个方面开展。

第一，教育未成年人爱党、爱国、爱人民、爱集体、爱社会主义，树立维护国家统一的观念，铸牢中华民族共同体意识，培养家国情怀。

第二，教育未成年人崇德向善、尊老爱幼、热爱家庭、勤俭节约、团结互助、诚信友爱、遵纪守法，培养其良好的社会公德、家庭美德、个人品德和法治意识。

第三，帮助未成年人树立正确的成才观，引导其培养广泛兴趣爱好、健康审美追求和良好学习习惯，培养科学探索精神，增强创新意识和能力。

第四，保证未成年人营养均衡，督促其科学运动、睡眠充足，保持身心愉悦，引导其养成良好的生活习惯和行为规范，促进身心健康发展。

第五，关注未成年人的心理健康，教导其珍爱生命，开展交通出行、健康上网及防欺凌、防溺水、防诈骗、防拐卖、防性侵等安全知识教育，帮助其掌握安全技能，增强自我保护意识和能力。

第六，帮助未成年人树立正确的劳动观念，引导其参与力所能及的劳动实践，提升生活自理能力和独立生活能力，培养吃苦耐劳的品格和热爱劳动的良好习惯。

当代儿童青少年是肩负强国使命的一代，而培育强国一代需要拥有强大教育能力的父母——这既是时代的要求，也是孩子与家庭的期盼，更是民族与国家的呼唤。强大的父母并非指强势专断的家长，而是具有教育智慧的理性父母。广大父母应当在国家和社会支持下，自觉承担家庭教育的主体责任，严格遵循《中华人民共和国家庭教育促进法》的要求，切实做到：用心陪伴孩子成长，以身作则树立榜样；善于发现孩子的潜能优势，充分尊重其合法权益；支持孩子选择适合自身发展的人生道路，并在教育实践中实现自我提升。

家庭作为社会的基本单元，其建设质量直接关系社会建设的根基。唯有家庭和谐稳定，方能构建和谐有序的社会环境。

注重家庭法治教育

时至今日，在家庭法治教育方面，仍有部分父母存在认识偏差与责任缺失等问题。有的父母错误地认为家庭法治教育与学校文化知识教育同属学校职责，完全忽视了家庭在法治教育中的基础性作用。有的父母过度溺爱孩子，在物质层面百般迁就，不论孩子要求是否合理均予以满足，对孩子的过失行为不予纠正甚至纵容。在这种环境中成长的青少年极易形成以自我为中心的人格特征，当诉求无法满足时，往往产生不良情绪，甚至采取极端手段伤害自身或危害社会。部分父母因外出务工或离异等情况，导致孩子长期缺乏家庭关爱与教育引导，容易形成自暴自弃的消极倾向，沾染吸烟、酗酒等不良习气。还有的父母为图省心长期将手机交由孩子自行使用，不仅易导致孩子产生社交障碍，更因其缺乏信息甄别能力，过早接触暴力、色情等不良内容，成为犯罪分子的侵害目标。更有甚者，有的父母未能以身作则，言行粗鄙，偏激狭隘，导致孩子"近墨者黑"。为了保证孩子健康成长，为人父母者必须切实履行监护职责，将家庭法治教育作为培育合格公民的首要责任，为孩子的健康成长筑牢法治根基。

升学压力下，许多父母将家庭教育的重心放在提升孩子学业水平上，催生出不少"虎妈狼爸"。学习成绩固然重要，但这些父母普遍忽视了孩子的身心健康、良好的品格培育、人际交往能力的培养，特别是法治底线意识的养成。不少父母自认为已做好孩子的思想道德教育，认为法治教育可有可无——"孩子若是品学兼优、正直善良，怎会违法犯罪？"然而现实情况是，一些青少年乃至已成年的大学生，仍因法律意识淡薄而陷入违法犯罪的泥潭。例如，某知名高校学生勤工俭学时因倒卖银行卡，以妨害信用卡管理罪被判处四年有期徒刑，此类案例近年来屡见不鲜。因此，父母切不可抱有"违法犯罪离自己很遥远"的侥幸心理，对家庭法治教育采取放任态度。漠视子女法治教育造成的后果往往超出想象。

未成年人作为国家与民族的未来，其犯罪预防始终是学界关注的重点。该群体心智发育尚未成熟，容易受外界不良因素诱导误入歧途。由于未成年人的日常生活主要围绕家庭与学校展开，而相较于以应试教育为主的学校教育，家庭教育因其天然的亲密性往往会对未成年人产生更深远的影响。《未成年人检察工作白皮书（2020）》显示：2019—2020 年受理审查起诉的 14 ～ 16 周岁未成年犯罪嫌疑人数分别为 5445 人、5259 人，占未成年人犯罪总数的比例从 8.88% 升至 9.57%，未成年人犯罪呈现显著的低龄化趋势，这与监护人未履行教育职责、未通过有效家庭教育配合学校教育密切相关。这里举两个案例。

案例一：高中生旭旭讲时髦、追求高消费却不敢向父母要钱，发现同学文文家境优渥后，纠集他人在校外围堵文文索要钱财，期间实施殴打致文文软组织损伤（经鉴定为轻微伤）。法院审理认定其行为构成寻衅滋事罪，鉴于未满 18 周岁，判处有期徒刑一年、缓刑两年。

案例二：17 岁少年志斌自学网络编程后成为黑客，通过非法手段获取并破解 19 万条可直接盗刷的银行卡信息，涉案金额上亿元，最终因盗窃罪受到法律严惩。

从家庭教育视角剖析，以上两个案例暴露出一个共同的问题：加害者法治意识极其淡薄。旭旭存在"家境优越者理应接济自己"的错误认知，志斌抱有"网络犯罪不易被察觉"的侥幸心理，这些危险思想都因为其家庭法治教育的严重缺失。家庭既是青少年成长的起点，更是守护其身心健康的重要港湾。完善的家庭教育不仅能促进青少年身心健康发展，更能帮助其树立正确的价值观念，掌握处理问题的合法途径，从而有效预防违法犯罪行为的发生。

那么，应如何开展家庭法治教育呢？

第一，在日常生活中进行法治教育。许多孩子认为法律问题离自己很遥远。因此父母应从真实生活出发引导孩子发现生活中的法律元素。例如，针对上学问题让孩子了解《中华人民共和国义务教育法》，针对遵守交通法规让孩子了解《中华人民共和国道路交通安全法》，购物时让孩子了解《中华人民共和国消费者权益保护法》……这些日常都与法律密切相关。其次，培养孩子形成自觉守法、遇事找法、解决问题靠法的思维习惯和行为模式，使其意识到法律时刻围绕在身边。父母可与孩子共同学习与生活相关的法律，明确每个人都需为自己的行为承担责任；通过观看法制节目、讨论身边的冲突事件或社会热点案例，观察孩子的法律意识和是非观念是否存在偏差，并及时予以纠正；应指导孩子掌握解决问题的法律途径，提升其法治素养；让孩子明白，达到相应年龄后需自行承担违法后果，并非所有问题都能由父母解决。

第二，父母应发挥示范作用。一方面父母需提升自身的法治意识，规范日常行为，为孩子树立学法守法的榜样。只有在家中切实保障孩子的合法权益，孩子未来步入社会时才能既珍视自身权利又尊重他人权益。具体而言，父母的身教应体现在多个层面，例如，驾驶车辆遵守交通规则，公共场所自觉禁烟，遛狗时牵绳并及时清理宠物排泄物，日常使用文明用语，尤其需注意避免当孩子在校遭遇意外伤害后采取"到校闹事"等非理性行为，更不可出现辱骂、殴打老师等违法行为。父母应始终以身作则，切实履行孩子法治教育第一责任人的职责，在遵守法律法规的同时，通过合法途径维护自身权益。日常生活中需践行“勿以善小而不为，勿以恶小而为之”的古训，为孩子树立榜样。

第三，父母需及时识别孩子可能遭受侵害的迹象并有效干预。当发现孩子出现以下异常情况时须高度警惕：身体出现不明伤痕、衣物或头发异常潮湿、情绪持续暴躁或低落、食欲减退或失眠、个人物品频繁损坏与丢失、学业成绩骤降、抗拒上学或刻意绕道、谎称生病、社交回避等。此时父母应主动与孩子沟通，第一时间联系学校老师核实安全状况。若确认存在被侵害事实，需秉持法治原则妥善处理：既要安抚孩子的心理创伤，更应通过法律途径维护合法权益，避免采取过激维权手段。

第四，关注时政和法律类节目。培养法律意识，需要营造浓厚的法治教育氛围。父母可以和孩子约定每周的“家庭法治教育时间”，共同学习与未成年人相关的法律条款，还可一起收看《新闻联播》《今日说法》《法律讲堂》等节目。通过社会中真实发生的案例，帮助孩子感知生活中的法、身边的法，了解依法维权的途径，使孩子初步形成运用法律知识辨别是非的能力。在此基础上，父母不断丰富家庭法治教育的内容和形式，例如，鼓励孩子参与社区普法宣传，将教育融入实践活动，切实增强家庭法治教育实效。

家庭中父母的角色和责任

家庭是人类社会的基本单位，是个人从出生到成长直至生命终结的重要场所。它不仅具有生物学意义，更承载着文化和社会内涵。纵观人类历史，家庭对个体发展、社会进步及人类整体福祉均产生了深远影响。

家庭是由血缘或婚姻纽带联结构成的社会单元。家庭成员通常共享生活空间，依靠亲情、责任与情感维系关系。家庭可以分为核心家庭、大家庭和单亲家庭等多种形式。核心家庭由父母及其未婚子女组成；大家庭则由多个核心家庭组成；单亲家庭指由单一父／母承担抚养职责的家庭。

家庭是个人社会化进程的原始场域。在此环境中，儿童习得基本生存技能，形成道德认知与社会规范意识。更为关键的是，家庭提供的情感支持与心理安全感，构成个体自尊、自信发展的基石。研究证实，健康家庭环境中成长的孩子，成年后更具责任感、独立性及健全人格特质的概率显著提升。从社会宏观视角看，家庭作为社会基础单元的稳定性也直接影响社会的和谐与发展。

人在一生中扮演的角色可分为两种：一种是天赋角色，一种是获得角色。天赋角色指与生俱来的身份，如父母、子女等家庭身份；获得角色则是通过教育及职业训练形成的身份，如各类职业身份。

父母的天赋角色主要有三个特征：一是角色具有连续性。父母角色需终身承担，不可随意中止。二是角色具有天然不可替代性。父母角色无法被他人取代。三是角色具有对偶性。父母与子女的角色互为依存，在家庭关系中彼此影响，子女的言行往往折射出父母教育的印记。

作为天赋角色的承担者，父母需履行以下职责。

（1）启蒙者。家庭启蒙教育涵盖知识、智慧、道德、性教育等领域。父母应根据婴幼儿身心发展规律，采用科学方法，通过视、听、触觉刺激促进其大脑发育，开发认知潜能。优质的启蒙教育对个体的思想形成、智力发展、品格塑造具有重要影响。

（2）保护者。父母需建立双重保护机制，既要保障孩子的人身安全，又要守护孩子的心理健康。这要求父母首先应自身心理健康，营造和谐的家庭氛围，为孩子的身心健康发展创设环境。

（3）示范者。父母作为孩子的首要模仿对象，其行为示范具有深远影响。孩子通过观察、模仿、学习父母的言行，逐渐形成基本的行为模式。这是一个耳濡目染、潜移默化的教育过程，因此可以说父母的身教重于言传。

（4）引导者。在孩子成长的道路上，父母的角色不是命令者，而是引导者。例如，在生活上，培养孩子的自理能力；在思想上，引导孩子形成科学的世界观、正确的价值观；在学习上，激发孩子的求知欲，引导孩子独立思考，培养孩子的自学能力；在道德上，塑造孩子的良好品性；在交往上，提升孩子的沟通技巧；在行为上，引导孩子养成良好的行为习惯。

（5）监督者。父母作为孩子的监护人，应发挥监督的作用。不仅要监督孩子的学习，还要监督孩子的生活。但父母在监督过程中要把握好合适的“度”。随着孩子年龄的增长，自主性不断增强，父母一定要逐渐放手。在孩子成长过程中，父母应多用疏导说服替代强制管教，避免过度干预。

一个人在成长过程中，不仅要对自己负责，还要对家庭和社会负责。对自己负责是生存之本，也是成就精彩人生的基石；对家庭负责能让人生更加幸福美满；对社会负责则是人作为社会一员的责任。如果将个人比作航船，家便是港湾。

人生之船从家的港湾启程，在此补给、休憩，继而再度扬帆远航，最终归港停泊。每个人都渴望拥有一个温馨和谐、充满生机与活力的家庭，而这样的家庭需要每位成员共同承担责任，正所谓“大家一条心，黄土变成金”。若家庭中仅有个别成员承担责任，其余成员置身事外，这种表面的和谐终将难以维系。

在家庭中，父母要承担很多责任，包括维系家庭运转（如日常事务管理、财产守护）、履行伦理义务（赡养老人、抚育子女）、提升家庭福祉（创造财富、化解困境）以及传承家庭价值（延续家风、维护声誉、增添荣光）等。家庭责任既是父母人生旅途中的负重，亦是其前进的动力源泉。通过承担家庭责任、实现家庭目标，父母的个人价值得以充分彰显。现实中，无数人默默耕耘、忍辱负重，以辛勤劳作支撑起平凡却温馨的家庭——他们上赡父母安享晚年，下育子女健康成长。支撑他们的，正是根植于心的家庭责任感。

真正的“富养”并非物质满足

近年来，“男孩穷养女孩富养”的说法在不少父母中盛行。这种说法认为，只有“穷养”男孩，苦其心志，劳其筋骨，将来他们才可担当大任；只有“富养”女孩，在物质上开阔其视野，在精神上丰富其思想，将来她们才能见识广、有主见、一生幸福。

其实不然。对男孩太严苛会让他习惯顺从权威，从小过分“穷养”也可能让他们变得唯利是图。有一些人在成年以后走上歧途，恰恰是因为他们小时候过于贫穷，以至于“金钱高于一切”在他们的脑海里扎了根，为了达到这个目的，他们可以不择手段。同样，有的家庭经济条件非常优越，把女儿娇宠到傲慢、无知的程度，殊不知，溺爱只会让女孩长大后娇纵无礼。

实际上，不管父母是穷还是富，孩子将来都要自己经营人生。因此，父母要让孩子学会从小把钱、情感、价值、精神放在一个相对合理的位置上。“穷养”也好“富养”也罢，归根到底是一个财富价值观的问题。不论是男孩还是女孩，关键是要培养正确的价值观、财富观。而过分纠结于“穷养”“富养”问题，往往是父母自己过于看重金钱的结果。

“我就是太溺爱你了”“你就是被我们宠坏了”这类话语时常出现在父母口中。许多父母因担心宠坏孩子而奉行“穷养”原则，认为要让孩子懂事就不能给予孩子太多。曾经看过一个网络热议话题——“你听过的最寒心的话”,一条看似平常却充满无力感的评论引人深思:“小时候妈妈总用哀怨的语气告诉我:你和别人不一样,我们家是最穷的,所以你要懂事,要体谅父母的难处。”这种持续的心理暗示会深入孩子的潜意识,让他们形成难以消除的匮乏感和无力感。“穷养”可能引发的问题主要体现在以下三方面。

第一,匮乏感。美国经济学家塞德希尔•穆来纳森在《稀缺:我们是如何陷入贫穷与忙碌的》一书中指出,匮乏感会占据心智“带宽”,导致认知能力和判断力下降。长期处于匮乏状态的人容易目光短浅,而心灵富足者有更多心智资源规划未来。这种差异往往导致“心穷者愈穷”的恶性循环。

第二,欲望扭曲。父母长期否定孩子的需求,将其定义为“不懂事”,可能导致两种极端:要么形成过度节俭、无欲无求的性格,要么发展为欲壑难填。

第三,自我贬抑。过度的“穷养”如同植入潜意识的诅咒——从别人说“你不配拥有好东西”开始,逐渐演变为孩子认为自己不配获得优质生活、理想职位或合理报酬的心理定式。

某次朋友从外地出差归来我去做客,她给女儿带了多件名牌童装,想将孩子打扮得时髦可爱。但她女儿无动于衷,反复追问:“妈妈,你怎么不给我买礼物?”朋友终于不耐烦:“谁说没买礼物?这些衣服比我自己的都贵,难道不是礼物吗?就是对你太好了,惯得你不知满足!”孩子吓得不敢说话了。外出用餐途中,朋友的女儿在小店看见标价30元的积木,爱不释手,就用期待的眼神望着朋友:“妈妈,我喜欢这个……”“我都给你买了那么多衣服了,你还要买?家里的玩具一大堆,你玩得过来吗?”朋友断然拒绝。见孩子委屈得眼圈泛红,我帮着说情朋友才给孩子勉强买下积木。拿到积木的孩子瞬间雀跃起来。

朋友并非吝啬之人——单价上千元、仅能穿一两季的童装塞满衣柜,却对30元的玩具锱铢必较。她的理由看似合理:玩具质量欠佳且同类过多。但她未曾察觉,那些昂贵的衣物不过是满足她自身虚荣心的道具,孩子真正渴望的只是这盒30元的积木。所谓的“富养”,不能用金钱的多少来衡量。当养育孩子变成父母单方面的意愿输出时,被忽视的不仅是孩子的真实需求,更是其人格独立的可能。

英国作家奥斯卡•王尔德说:“使孩子品行好的最好方法,就是使他们愉快。”孩子的快乐其实很简单。说到这儿,可能会有人疑问:“若是孩子提出过分要求,难道也要满足?”当然不是。对孩子的合理要求,若父母实在无法满足,可以真诚告知:“妈妈很想给你买,但现在确实买不起。”即便是不愿购买,也应坦诚相告，再与孩子协商。这种不带负面情绪的如实陈述，能让孩子明白是暂时能力所限，而非不配拥有。

真正被“富养”的孩子有多幸福？以下几个暖心故事可见一斑。

“我小学四年级时需要白衬衣参加活动，当时家境拮据，母亲认为为偶尔穿着的衣物花钱不值当，便和我耐心解释原因后向邻居借来一件。我穿着借来的衬衫，依然欢欢喜喜地去了学校。”

“女儿喜欢玩水，我便购置大浴盆让她尽兴；她爱玩沙，就备好铲子和小桶带去楼下沙坑玩。只要是孩子的合理要求，我一般都会满足。”

“妻子怀二胎期间，为婴儿准备的衣物寝具皆由大儿子选定。弟弟出生后，大儿子时不时带回零食、玩具和弟弟分享，呵护备至。”

贫穷或富裕本身并不决定教育成效，关键在于父母传递的是沉重的匮乏感，还是理性的认知与充分的理解——这直接决定了孩子如何建立自我认知。真正的“富养”，不在于物质，而在于精神世界的丰盈，在于爱的滋养。

内心强大的孩子更有抵抗挫折的能力

人在一生中要经历很多困难、挫折，这是我们无法避免的。在面对挫折时，有的人勇敢坚强，敢于向困难发起挑战；有的人则悲观、消极，无法直面困难。

俗话说，给孩子留万金，不如让孩子有强大的内心。身为父母，我们最大的任务不是为孩子提供多么优越的物质条件，而是让孩子成为坚强、勇敢、有强大内心的人。

面对挫折时，孩子会有各种各样的表现。有时候，我们以为孩子不哭不闹就是抗压能力强。其实不然，有的不哭的孩子只是把委屈、难过咽进肚子里，一个人默默地承受。长久下去，这些情绪如果得不到宣泄，在心里越积越多，孩子就会变得孤僻、压抑、不自信、逆来顺受。还有一些孩子在面对别人的批评或意见时，表面上微笑着接受，私下里却从不想着改正自己的错误。其实，这也是内心不强大的表现。真正内心强大的人，能够坦然接受别人的意见或批评，认真做出反思，从而让自己变得更优秀。当孩子遇到挫折时，他们可能会心情低沉，甚至痛哭。我们应先让孩子发泄出自己的情绪，等孩子平静之后，再与孩子进行情感共鸣，让孩子明白自己的难过是正常的。然后我们要帮助孩子正确认识挫折，让孩子明白其实他所遇到的困难并不是无法解决的。只有培养孩子强大的内心，孩子才能勇于面对挫折、战胜挫折。那么，在家庭教育中，父母应如何培养孩子强大的内心呢？

一、引导孩子正确看待挫折

当孩子遇到挫折时，父母应该引导孩子懂得，人生的道路不可能一帆风顺，成长往往与坎坷、挫折相伴而行。一定程度的挫折，可以激发人克服困难的勇气和力量。现代社会是一个充满挑战的社会，在这样的社会中，如果没有经受挫折的洗礼，没有学会承受挫折和失败带来的负面情感，没有正确对待挫折的心态，就好像是温室里的"花朵"，是不可能真正独立和适应社会的。父母不仅要让孩子明白"不经历风雨，怎能见彩虹"的意义，也要让孩子理解"不是所有的付出都能有回报"的含义。与此同时，父母对孩子的期待也要适度，以免导致孩子遇到过多挫折，不利于孩子自信心的建立。

与其他父母要求孩子"处处争第一"的心态不同，我在家庭教育中秉持"顺势而为"的理念。对于学业成绩，孩子只要全力以赴、不留遗憾即可。学习成绩不过是人生发展的次要因素，对于女儿的考试升学，我也是持顺其自然的态度，避免给孩子施加过大心理压力。当然，我并非完全"放养"。在日常生活与兴趣培养中，我会为孩子设置可达成的小目标，例如，对音乐考级采取循序渐进的方式，通过逐级考取证书让孩子尝到努力的甜头，逐步建立自信心。这种方式相较于设立遥不可及的大目标，能有效减少孩子的挫败感。

二、强身健体，增强抗挫折能力

强身健体对于增强抗挫折能力有着重要的作用。当我们拥有健康强壮的身体时，生理机能处于良好状态，能够更有效地应对生活中的各种压力和挑战。一方面，身体强健有助于提升心理韧性，在面对挫折时，身体能够更好地承受压力带来的负面影响，减少因身体不适而产生的负面情绪，使人在精神上更有力量去直面困难，不会轻易被挫折打倒。另一方面，运动锻炼是强身健体的重要途径，在这个过程中，我们不仅能塑造良好的身体素质，还能培养坚韧不拔的意志品质。例如，坚持长跑需要克服身体的疲劳和心理的懈怠，当我们能够坚持下来并不断突破自己时，这种在运动中培养起来的毅力和自律会延伸到生活的其他方面，让我们在面对挫折时更有勇气和决心，相信自己有能力跨越障碍，从而增强了整体的抗挫折能力。

我的女儿有一项长期坚持的运动——轮滑。女儿3岁半时，在广场上看到其他孩子玩轮滑时也突然产生了兴趣非要学。这是她人生中第一次参加兴趣班，我借此机会与她约法三章："我们可以报班，但你要对自己的选择负责。若中途放弃，就要签署承诺书，将来不能埋怨父母没让你继续学。"我将这种方法称为"责任自担法"，希望女儿能辨别内心对事物的真实渴望程度，而非一时兴起。值得欣慰的是，女儿没有辜负期待——每周两次、每次两小时的室外轮滑训练，冬练三九，夏练三伏，从4岁持续到11岁。轮滑教练在第一节课教给她的就是如何安全摔倒，再迅速起身追赶。摔倒本是常事，重要的是爬起来继续前行，人生亦是如此。

体育运动不仅能强健体魄，更能培养孩子的竞争意识和策略思维。校运动会上女儿斩获1000米跑冠军后，特别得意地向我们分享战术："轮滑训练时大家都不愿领滑，因为要承受风阻，跟在后方更省力，最后一圈再全力冲刺超越。我把这个策略用在了跑步上！"比得到冠军更珍贵的是，女儿把在体育竞技中运用的战术举一反三，融会贯通，对目标达成既有独特见解又勇于实践。

三、父母要学会倾听

有时，孩子遇到挫折时需要的是情感慰藉，而不是父母喋喋不休地摆事实和讲道理。父母越讲道理，他们越烦躁、越叛逆。此时，倾听才是解决问题的最佳方法。

首先，孩子在经历挫折后，内心往往充满了委屈、沮丧、失落等复杂情绪，他们急需一个倾诉的对象来释放这些情绪。父母作为孩子最亲近的人，若能耐心倾听，孩子会感受到被尊重、被理解，从而获得情感上的慰藉，这有助于稳定他们的情绪。

其次，通过倾听，父母能够准确了解孩子遇到挫折的具体情况，包括事情的起因、经过以及孩子的感受和想法。只有清楚这些细节，父母才能给予恰当的建议和引导，帮助孩子正确看待挫折，找到解决问题的方法。

此外，倾听的过程也是父母与孩子建立更紧密信任关系的契机。当孩子知道父母愿意倾听自己的烦恼时，他们会更愿意与父母分享内心世界，在未来遇到问题时也会主动寻求父母的帮助，这对孩子的心理健康和成长发展具有深远的积极影响。

第九章 家庭教育的误区

家庭教育是孩子成长过程中的重要一环,对孩子的价值观塑造、性格形成、行为习惯养成及未来发展有着深远的影响。

现在的父母在孩子身上花的时间、精力和金钱无疑比过去多了很多,也比上一辈父母更为民主。按理说这是好的发展态势,但很多父母和老师说现在的孩子比过去的孩子更娇纵、难管。为什么会出现这样的现象?原因在于很多父母在教育孩子的过程中不知不觉陷入了各种误区,这些误区不仅无法帮助孩子健康成长,反而可能对孩子造成伤害。深入剖析这些误区,对父母们改进教育方式、促进孩子全面发展具有重要意义。

棍棒底下出孝子

有人认为,骂孩子、吼孩子、打孩子是最有效、最快速的教育方法。只要父母狠狠地打、狠狠地骂、大声地吼,孩子一定会乖乖听话,而且效果立竿见影。但遗憾的是,这是毁掉一个孩子最快的方法,没有之一。

有一位母亲,有两个在上小学的儿子。她将两个孩子带到我面前说:“我的两个儿子一个读二年级,一个读五年级,可他们宁愿去工地干重体力活,也不愿去学校读书。老师,您看怎么办?”我简单了解情况后说:“请让孩子的父亲过来,我需要研究下问题究竟出在哪里。”

在和孩子单独相处时,我故意压低声音问孩子:“你们最喜欢做什么呀?”两个孩子异口同声道:“老师,我们喜欢玩!”我追问:“玩什么呢?手机游戏吗?”“不是!我们喜欢在户外玩。”当问及读书时,他们立刻摇头:“老师,我们不想读书。”接着我试探着问:“喜欢妈妈吗?”“喜欢!”“那爸爸呢?”两个孩子突然绷紧身体，异口同声地喊出“不喜欢”，随即卷起衣袖、裤腿——密密麻麻的紫红色条状伤痕爬满四肢。面对我的惊诧，他们低声说：“爸爸打的。”原来，为了让两个孩了好好学习，爸爸不惜使用了严重的体罚措施。令人深思的是，即便进行如此暴力的管教，这位父亲依然未能改变孩子的厌学状态。当教育建立在恐惧威慑之上时，孩子只会以更强烈的叛逆作为回应。体罚或许能制造短暂的顺从假象，却永远无法使孩子具有真正的学习动力与健全的人格。

父母通过打骂的方式来教育子女，是一种残忍且陈旧的教育方式。这种棍棒教育将引发以下严重后果。

身体伤害。打骂可能会对孩子的身体造成直接的伤害，如挫伤、淤青、骨折等。这些身体上的创伤不仅会给孩子带来疼痛，还可能影响孩子的身体健康发育，甚至留下长期的身体残疾。

心理创伤。一是经常遭受打骂的孩子，会认为自己是什么事情都做不好，从而产生强烈的自卑感。这种自卑心理可能会影响他们在学习、社交和未来工作中的表现，使他们缺乏自信，不敢尝试新事物，害怕失败。二是孩子长期处于被打骂的环境中，会对父母产生恐惧心理，时刻担心自己犯错后会受到惩罚。这种恐惧和焦虑情绪可能会泛化到其他方面，影响孩子的正常生活和学习，导致他们在面对各种情境时都容易感到紧张和不安。三是长期的打骂可能使孩子内心充满痛苦和压抑，无法得到有效的释放和疏导，进而发展为抑郁情绪。四是父母的过度打骂会引起孩子的逆反心理，他们可能会故意与父母作对，做出更多让父母生气的行为。这种逆反心理不仅会破坏亲子关系，还可能使孩子走上错误的道路，如逃学、结交不良朋友等。

行为问题。孩子在成长过程中会模仿父母的行为方式。如果父母经常通过打骂来解决问题，孩子可能会认为暴力是一种有效的解决方式，从而在与他人交往中也表现出攻击性行为，如打架、欺负同学等。

另外，一些孩子为了避免被父母打骂，可能会选择说谎来掩盖自己的错误或不良行为。长期下去，说谎可能会成为孩子的一种习惯，影响他们的品德和诚信发展。

暴力管教虽能短期见效，实则是贻害无穷的教育毒药。这种粗暴的教育方式不仅会扼杀孩子的创造力、摧毁孩子的自信心，更会彻底破坏亲子间的关系。

尤其值得关注的是，多数孩子厌学与父母不当的教育方式密切相关，如催促、唠叨、指责。父母需将负面指责转化为积极引导。可采用以下沟通策略：第一，将命令式的“别玩了，赶快写作业！”转化为“现在七点了，你计划何时开始学习？

妈妈可以帮你设置时间提醒”。第二，将贬低式的“这么简单的题都能错”调整为共情引导“这道题确实有难度，我们共同探讨解题思路吧”。第三，将否定式的“五分钟都坐不住”转换为成长型鼓励“专心写作业持续了五分钟，这是值得记录的进步”。

父母一个“唱红脸”，一个“唱白脸”

采用“红白脸”的教育方式是一种典型的家庭教育误区。在家庭教育中，尽管父母存在角色分工差异，但在实施教育过程中必须保持态度的一致性，而非相互“对立”。

所谓“红白脸”教育方式，是指父母通过相反的态度处理同一教育事件的行为模式。具体而言，父母中的一方扮演严厉角色，另一方则展现宽容姿态，试图通过态度反差达成教育目标。这种教育方式极易引发孩子的认知混乱，如面对孩子未完成作业问题时，父亲坚持严格惩戒而母亲主张宽容理解，将导致孩子不知所措。这种教育模式的危害性主要体现在三个方面：首先，动摇亲子信任的根基。当父母的教育立场相悖时，孩子不知道哪一方的意见是正确的。其次，孩子可能学会“钻空子”或找借口，会本能地利用父母的教育分歧，通过“见风使舵”的方式逃避责任。最后，会破坏父母在孩子心目中的形象，降低父母的威信。

因此，父母在教育孩子时，一定要保持默契和立场一致。即使意见有分歧，也应该避开孩子进行讨论。父母双方都应该自觉地维护对方在孩子心目中的威信和形象。这不仅有助于建立良好的亲子关系，还可以帮助孩子树立正确的价值观和行为习惯。

父母也应该注重自身教育水平的提高，不断学习和探索适合自己孩子的教育方法。只有这样，才能让孩子得到全面的成长和发展。为此，父母双方应该做到以下方面。

第一，共同承担教育责任。家庭教育是父母共同的责任，需要双方共同参与和协作。父母应该就孩子的教育问题达成共识，共同制订教育计划和方案，并明确各自的角色和责任。同时，双方应该积极沟通，及时了解孩子的发展和变化，共同商讨应对策略。

第二，及时纠正孩子的错误。当孩子出现错误时，父母需要及时对其纠正，并明确指出正确的行为和态度。父母可以采取适当的惩罚措施，但要以适度和合理为原则，避免过度惩罚。此外，父母还应该帮助孩子分析导致错误的原因和可能出现后果。

第三，避免将教育的责任推给另一方。有的父母在教育孩子时，可能会将责任推给另一方。例如，有的父亲或母亲可能会因为工作繁忙或其他原因而将孩子的教育问题全部交给另一方处理，自己则不闻不问。这种做法是不正确的，因为父亲和母亲在家庭教育中各有自己的责任，缺一不可。只有父母共同参与、密切配合，才能为孩子提供健康成长的环境。

父母在教育子女时应达成默契，主要原因包括以下几点。

首先，可以树立父母的威信。当父母意见一致时，孩子会更愿意听从教导，这有利于培养孩子的纪律性和敬畏心。

其次，提高教育的效果。父母可以分工协作，采用不同的方法引导和教育孩子，促进孩子的成长和发展。

最后，促进家庭和谐。父母在教育子女时达成默契，可以避免互相拆台和争执，有利于维护家庭的和谐与稳定。

“我还不是为了你好”

有的父母不注重培养孩子的独立人格，代替孩子做决定，用一句“我还不是为了你好”抹杀了孩子的自主性。

其实，每个孩子都是独立的个体，有自己的兴趣、才能和潜力。父母应当尊重孩子的个性与选择，鼓励他们追求自己的梦想和目标，而非将自身意愿和期望强加给孩子。父母可以帮助孩子发掘潜力、培养兴趣并提供支持，但最终应让孩子自主决定未来的人生。

孩子的人生应由自己规划和决定，唯有如此才能使其学会承担责任并培养自信与追求梦想的勇气。每个人都具备独特的天赋与潜能，好的家庭教育不是让孩子弥补父母的人生遗憾，而是帮助其发现并发挥这些潜能，成为理想中的自己。

首先，好的家庭教育应尊重并关注孩子的兴趣特长。每个孩子都有热衷之事与擅长的领域，父母应当尊重孩子的兴趣，鼓励他们在擅长的领域深入探索，在热爱中获得成就与快乐。

其次，好的家庭教育能激发孩子的创造力与创新精神。每个孩子都有创造的潜能，父母应鼓励孩子尝试新事物、探索新方法、挑战传统观念，以培养想象力与创新精神。

再次，好的家庭教育应培养孩子的批判性思维与独立思考的能力。父母应引导孩子对知识进行深入思考与分析，培养其独立思考、解决问题的能力，以使孩子更具适应社会变革和推动创新发展的素质。

最后，好的家庭教育应该帮助孩子树立正确的价值观和人生观。正确的价值观和人生观是孩子未来发展的重要基础，父母需培养孩子的社会责任感与公民意识，使其成长为积极向上、对未来充满希望的人。

由此可见，好的家庭教育并非填补父母的人生缺憾的工具，而是帮助孩子发挥自身潜能。

实际上，天赋往往不显现在孩子的优点中，反而潜藏在其所谓的“缺点”里。对此，很多父母可能会说：“我发现不了孩子的天赋。”甚至有人断言：“我的孩子只会玩手机和游戏。”殊不知，孩子的这些行为本身可能正是天赋的萌芽——因为天赋通常不在你认知的“优点”范畴内。例如，成龙在小学时是令老师头疼的“问题学生”，频繁因打架被投诉，却最终成为功夫巨星。

那么，父母应如何发现孩子的天赋呢？可通过三个维度进行观察。

第一，观察孩子是否在某项运动或某件事情上有超越同龄人的能力，如跑步速度明显快于他人。

第二，观察孩子是否发自内心地热爱某项运动或某件事情。如奥运冠军全红婵，从小就展现出过人的运动天赋，跳跃能力强，尤其擅长水中活动。

第三，确认孩子能否从中获得强烈的快乐与满足。当孩子对某件事情废寝忘食时，这件事情往往就是孩子的天赋所在。

因此，当孩子展现出与众不同之处时，父母应当庆幸：这或许正是孩子独特天赋的显现，只需用心发掘，也许会有意外惊喜。爱迪生在小学的时候，学校的老师觉得他似乎有点傻，经常发呆，就把这种情况反映给他的妈妈。有一天，妈妈有事让爱迪生一个人在家，结果妈妈回来时发现他坐在那里一动不动，就问他：“儿子，你在干什么呢？”原来爱迪生把八个鸡蛋放在了屁股下面，他说：“母鸡为什么能够孵出小鸡？我要试试我可不可以。”试想若妈妈当时斥责：“你简直疯了！鸡蛋都被压碎了！”人类可能就此失去一位伟大的发明家。

教育要让孩子认识到，他们拥有自我完善的力量。这种认知在孩子的成长过程中具有关键作用——既能帮助孩子建立自信心与自尊心，更能激发其内驱力与创造力。

首先，父母需重视培养孩子的自信心和自尊心。父母应关注孩子的点滴进步，及时给予肯定与鼓励，帮助其建立自信心。同时，父母应支持孩子追求个人梦想与目标，使其认识到努力与付出能够带来积极改变。父母的这种成长型思维将助力孩子在未来获得成功。

其次，父母应注重培养孩子的内驱力和创造力。父母可引导孩子发掘兴趣与潜能，鼓励其尝试新事物、新方法，以此培养孩子的内驱力和创造力。在此过程中，父母应给予孩子足够的自主权和空间，让他们自由探索和发展自己的想象力和创造力。

最后，父母应注重培养孩子的责任感，帮助孩子理解自身行为对社会的影响，引导其关注他人与社会发展。

总之，家庭教育的关键在于让孩子明白自己拥有可以变得更好的力量，通过培养孩子的自信心、自尊心、内驱力、创造力、责任感等优秀品质，激发他们的潜能，让他们成为具有积极心态和对未来充满希望的人。

“我管不了孩子，他只听老师的”

孩子是家庭和社会的未来，他们的成长与教育是每个家庭都关注的重要课题。然而，部分家长在教育过程中存在认知误区，其中“我管不了孩子，他只听老师的”这一观念尤为典型。这种观念忽视了一个基本事实：在孩子的成长教育过程中，家庭与学校各自负有不可替代的重要责任。

首先，家长在孩子成长过程中具有决定性作用。作为孩子的第一任老师，父母的言传身教、家庭氛围营造以及教育方式选择，会对孩子的性格形成、价值观念建立和行为习惯养成产生深远影响。这种原生家庭的影响力是任何学校教育都无法替代的。即便孩子在校接受优质教育，若缺乏家庭教育的有效衔接与支持，其教育成果也难以真正内化与巩固。

其次，学校教育虽在孩子成长过程中占据重要地位，但并不能取代家庭教育。若家校之间缺乏有效沟通与协同配合，容易导致教育目标错位、教育方式冲突等问题，使孩子难以在成长过程中获得持续稳定的引导。

更重要的是，当“孩子只听老师的”这类表述被孩子知悉时，会降低家长在孩子心中的威信。明智的家长应当主动参与教育过程，通过与老师的常态化沟通掌握孩子的成长动态，与老师共同制定教育策略。同时，家长也需要通过学习持续提升教育素养，掌握科学的教育方法。唯有构建家校协同育人机制，才能为孩子的全面发展提供坚实保障。

此外，若家长过度依赖老师单方面实施教育管理，将引发多重教育困境。一方面，老师的时间和精力有限，不可能对每个孩子都给予充分的关注和指导。如果家长不积极参与孩子的教育过程，就无法在培养孩子品德和价值观方面发挥应有的作用。有这样一个案例：一位学生在校常常表现出一些不良行为，如打人、大声哭闹等。对此，班主任多次向家长反映，但是家长并没有意识到问题的严重性，久而久之，这个孩子的情况越发严重，老师不得不再次向家长反映，但这时家长开始对老师产生了不信任感，认为老师没有好好管教孩子。最后，家长决定把孩子转到另一所学校，认为换个环境可能会对孩子有好处。然而，在新学校里，孩子的情况依然如故，甚至更加严重。这时，家长才意识到问题的严重性，开始自己亲自管教孩子，但已经错过了最佳时机。

家长与老师之间的沟通和合作是保障孩子健康成长的重要因素。首先，家长和老师要建立互信互助关系。家长与老师保持密切联系，了解孩子在学校中的表现。家长也应按时参加家长会、积极参与学校活动等，增加对学校和老师的了解和信任。其次，家长和老师应畅通沟通渠道。家长和老师需采用有效的沟通方式，如面谈、电话、短信、家长会等，及时了解孩子的情况。同时，沟通的内容也不仅仅局限于孩子的学习成绩，还应该包括孩子的情感、心理和社会交往等方面的情况。例如，一个孩子上课时注意力不集中，表现不佳。家长和老师可以一起探讨如何帮助孩子改掉这个毛病。家长可以帮助孩子制订学习计划，明确学习目标和发展方向。老师可以在课堂上给予孩子更多的关注和指导，采用一些有效的教育方法来帮助孩子集中注意力。家长和老师还可以鼓励孩子参加一些有益的活动，帮助孩子建立自信心，激发孩子的学习动力。

总之，家长和老师需要建立起互信互助的关系，采用有效的沟通方式，畅通沟通渠道，不断探索和更新教育方法，以使孩子健康成长。

“一点小事都做不好，你看看别人家的孩子”

“别人家的孩子”这一网络用语已被收录为百度百科词条，特指那些无论你如何努力都无法超越的“完美存在”。他们仿佛无所不能，且时刻被用作与你比较的标杆。这类群体已成为优秀的代名词，被塑造为“世界上最优秀的人”。有的人觉得，即便将自己的优点与这类人的缺点相比较，依然令人感到望尘莫及，难免自惭形秽、丧失自信。这可能是很多父母“恨铁不成钢”的原因之一吧。

相信多数父母对以下场景并不陌生：孩子放学后沉迷于电视、手机，快上床睡觉时才想起来还有作业没写。此时父母往往会生气地说道：“你们班某某又考了第一名吧？听说人家回家第一件事就是完成作业，之后才安排娱乐活动，你就不能学着点吗？”这也是父母将自家孩子与他人进行对比的典型案例。

在家庭教育中，有的父母经常使用激将法，即通过贬低自家孩子或夸赞别的孩子来激发自家孩子的羞愧感，迫使孩子发奋努力。这种做法本质上是错误的，因为激将法实为变相惩罚，而惩罚必然伴随强烈的挫败感。孩子遭遇挫折时本就容易退缩不前，父母若继续用对比贬低的方式施压，只会加深孩子的自卑心理。除此之外，激将法还有以下弊端。

（1）伤害孩子的自尊心和自信心。激将法常通过贬低、羞辱刺激孩子，使其产生自我否定感，进而损伤自尊心与自信心。长期使用将导致孩子陷入自我怀疑，使自我认知水平持续降低。

（2）诱发情绪障碍。该方法易引发孩子的焦虑、抑郁等心理问题。由于心智尚未成熟，孩子难以理性对待父母的否定性评价，负面情绪积压不仅危害心理健康，更会影响学习效率与社交能力。

（3）限制自我发展。激将法通常以比较和竞争的方式刺激孩子，会使孩子过度关注外部评价而忽视内在需求，从而阻碍自我探索和发展，最终导致潜能与特质被埋没。

（4）破坏亲子关系。频繁使用激将法易加剧亲子对立，孩子对父母产生抵触情绪后，不仅影响身心健康，更会影响家庭的和谐。

（5）难以达到预期的效果。激将法的目的是激发孩子的潜能，但过度依赖外部奖惩机制而忽视内驱力培养，往往导致教育目标难以达到。

综上，激将法实非良策。父母若欲有效激励子女，建议采取正向激励法：将惩罚转化为奖励，通过赞赏孩子的优点、弱化横向比较来培育其荣誉感，使其为取得成就而自发进取。教育过程中，父母应着重引导孩子建立自尊心和自信心，以唤醒其内在成长动力；同时，加强亲子沟通，在爱与尊重的基础上引导孩子形成正确的价值观与健康的人生观。

这里要特别介绍一下皮格马利翁效应。

皮格马利翁是古希腊神话中的塞浦路斯国王，他擅长雕刻。有一次，他雕刻了一座美丽的少女雕像，并对其产生了深深的爱慕之情。他祈求爱神赋予雕像生命，爱神被其真诚打动，最终让雕像变成了真人，两人终成眷属。

1968年，心理学家罗森塔尔和雅各布森在一项研究中，随机告知小学老师某些学生“智商优异、潜力突出”。实际上，这些学生是随机挑选的，但学年结束后，他们的成绩显著提升。老师的高期望无意中改变了他们对学生的态度（如更多互动、耐心指导），从而使学生的表现更好。

这就是皮格马利翁效应，即人们基于自身期望产生的心理暗示会影响其行为表现，从而促使预期实现。在教育领域，皮格马利翁效应对孩子发展的影响有积极和消极两个方面。

就积极影响而言，主要体现在三方面：一是能够激发孩子的学习动力。当老师或父母对孩子保持积极期待时，孩子会感受到被认可、被重视，从而激发学习动机，主动投入学习，最终取得更优异的表现。二是能够提高孩子的自尊心和自信心。通过老师或父母的正向期待，孩子形成积极的自我认知，能有效提升自尊心与自信心。三是能够提高孩子的创造力。父母和老师的信任、鼓励能让孩子在一个宽松、自由的氛围中发展，孩子会更敢于表达自己的想法和观点，发挥想象力，尝试新的方法和思路，进而培养出更强的创造力。

皮格马利翁效应的消极影响则主要表现为：第一，过高期望引发心理压力。脱离实际的过高期望可能使孩子长期处于焦虑状态，若持续无法达成目标，易导致孩子的挫败感，影响心理健康。第二，刻板印象形成发展阻碍。老师若基于主观偏见（如认定某些学生能力不足）形成刻板印象，将不利于孩子的成长。

那么，如何正确运用皮格马利翁效应促进孩子的成长与发展呢？

（1）给予积极期待与合理预期。老师与父母应对孩子保持积极的期待，充分发掘其潜能，发展其能力。这种期待应建立在对孩子全面、客观的评估基础上，而非仅关注学业表现。当孩子在某领域展现出潜力时，老师和父母应及时给予鼓励，以此增强其信心。

（2）注重个性化评价和发展。每个孩子都有各自的兴趣、特长和发展潜力。因此，老师和父母应该根据孩子的个体特征制订针对性的培养方案，避免简单化的优劣评判，要看到每个孩子的独特之处，并给予相应的支持和引导。

（3）培养孩子的自主性和创造性。要鼓励孩子积极探索、尝试新事物，勇敢面对失败和挫折。同时，要引导孩子养成自我反思的习惯，及时发现自己的优势和不足之处，进而自主调整发展策略。

（4）设定合理的期望目标。老师和父母应根据孩子的实际能力水平设置适度的成长目标。既要避免过高期望带来的压力，也要防止目标过低导致的动力缺失。理想的目标应是孩子通过持续努力可实现的，如此方能有效激发其积极性与自我效能。

（5）父母要营造积极向上、鼓励支持的家庭教育氛围。父母应积极利用皮格马利翁效应，让孩子感受到家人的关爱和支持，使孩子更加自信、积极，实现更好的发展。

父母应该多称赞和鼓励孩子，而不是责骂和贬低他们。对于孩子来说，应该努力提升自己，坚持自己的想法，成为自己想要的样子。父母可以与孩子开诚布公地交流，允许孩子表达自己的观点。很多父母想通过对比，让孩子树立奋斗的目标，这本身没问题，但当孩子表现出进步时，还是应该适当地给予一些支持和肯定的。其实，孩子的内心深处特别希望得到父母的肯定。父母在看到别人家孩子优点的同时，更要看到自己家孩子的优点。对孩子的进步给予及时的表扬和鼓励，将能够发掘孩子更大的潜力。

“你家孩子上什么兴趣班，我也给孩子报”

在小学门口接送一年级孩子的妈妈们经常互相打听：“你家孩子学写字了吗？在哪练的字？拼音学完了吗？20以内的加减法学了吗？英语在哪个辅导班报名的？有没有外教？”这一幕大家熟悉吧？听完妈妈们的对话，你的内心是否会涌起一阵恐慌。她们的孩子，有的已经提前学完小学一年级的课程；有的每个周末要连上7个辅导班——识字、口才、思维、英语、钢琴、编程、美术；有的放学回家后还要继续上2小时网课。

妈妈们的焦虑，让我想起著名的剧场效应：电影院里，原本所有观众都安静坐着观影。当第一排有人站起来时，后排观众的视线被完全遮挡，只能被迫起身。

渐渐地，站起来的人越来越多，最终所有人都不得不站着观影。

《中国儿童青少年精神障碍流行病学调查》对 6 ～ 16 岁在校学生的调查显示，我国儿童青少年精神障碍整体流行率为 17.5%；而《2024 儿童青少年抑郁治疗与康复痛点调研报告》指出，18 岁以下抑郁患者占全国抑郁患者总数的 30.28%（约 2800 万人）。此外，《中国国民心理健康发展报告（2019—2020）》研究发现，2020 年我国青少年抑郁症状检出率为 24.6%，其中重度抑郁占比 7.4%。

这些触目惊心的数字警示我们：盲目攀比正在悄然侵蚀孩子的健康。它不仅会扼杀孩子的学习兴趣，削弱其内在动力，更会在孩子幼小的心灵投下厚重的阴影，让孩子与健康成长的道路渐行渐远。

童年是孩子探索与发现世界的起步阶段，也是建立自我认知和价值观念的关键时期。然而，当前各类兴趣班和课外活动正在侵占孩子快乐的童年时光，使他们在成长关键期过早承受了超负荷的压力与竞争。这种现象对儿童身心发展产生的负面影响不容忽视。

首先，过多的课外培训正在剥夺孩子童年的纯真与快乐。他们缺乏充足时间享受适龄儿童正常的活动，如自由玩耍、涂鸦创作和肢体运动等。取而代之的是被寄予了过多的期望和压力，使他们的童年变得功利化和商业化。这种现象在经济发达城市尤为突出，一些父母盲目地将孩子送入各类培训机构，却忽视了对孩子兴趣特长的科学引导与培养。

其次，过多的兴趣班和课外活动影响孩子的身心健康。他们辗转于不同的培训班，普遍存在睡眠不足和运动缺乏的问题，导致近视、肥胖等健康问题日益低龄化。心理学研究显示，过早承受竞争压力会导致儿童自我效能感降低，出现厌学情绪。这些隐患不仅孩子影响当前的学业表现，更可能形成阻碍终身发展的心理障碍。

再者，程式化的培训模式抑制孩子创造力的发展。现行兴趣班多采用固定的教学模式，大部分课堂时间用于重复既定的教学内容。在传统学科类培训中，孩子的创新思维空间被严重压缩，仅有不足 15% 的课堂时间允许自主探索。这种机械的教学方式，实质上阻碍了对孩子想象力和批判性思维的培养。

更严重的是，功利导向的教育观念正在消解孩子学习的内驱力。当父母仅关注考级证书和比赛名次时，孩子在学习中很难体验到探索和发现的乐趣。同时，重复机械的训练使孩子失去了学习的激情和动力。这种状态下，孩子很难在学习中获得成就感和满足感。

正如画家陈丹青所言，教育的最终目的，是要把人的创造力量诱导出来，将价值感与生命感同时唤醒。父母们需明白，在急于求成的环境中成长的孩子未必能够持续领先。与其拔苗助长、本末倒置，不如放平心态，用更长远的眼光陪伴孩子成长。教育家卢梭曾警示，误用光阴比虚掷光阴损失更大。教育错了的儿童比未受教的儿童离智慧更远。父母唯有清醒认知以下三点，方能避免孩子沦为家庭教育误区的牺牲品。

第一，与其强迫孩子优秀，不如寻找孩子的“最近发展区”。热播剧《小舍得》中田雨岚与南俪的“鸡娃”之路均以失败告终。田雨岚持续施压迫使儿子追求卓越，不仅扼杀了孩子的兴趣，更压榨了孩子的休息时间，最终导致孩子抑郁；南俪强迫女儿学习超出认知水平的奥数，机械刷题引发亲子关系恶化，甚至导致女儿离家出走。而教育家维果茨基的“最近发展区”理论强调，教育目标的设定需兼顾两个维度：儿童现有能力水平与即将达到的发展水平。这两种水平之间的区域就是最近发展区。过高的期待犹如重负，可能彻底压垮孩子。父母唯有摒弃攀比心态，给予孩子充分的理解与耐心，制定孩子踮脚可达的阶段性目标，方能有效激发其内驱力，助力孩子稳步发展。

第二，与其强迫孩子，不如培养其自律能力。某父母为儿子制订的暑期计划表令人窒息：从清晨 7 点至夜间 10 点，除必要的进食与短暂休憩外，其他时段被学习任务填满。这种机械运转式的安排，使孩子沦为失去自主时间的“发条人”。心理学家埃里克森指出，孩子需要发展自主，若此需求未被满足，将陷入自我否定与怀疑的泥沼。被外力强制的所谓“自律”，本质是压抑而非成长。培养真正的自律能力，关键在于赋予孩子自主决策空间，使其在试错与选择中建立自主意识。一位父亲的实践颇具启示意义：当停止手把手教导孩子写字，转而采用鼓励和自主练习的方式后，孩子的书写积极性与进步速度显著提升。这印证了教育的真谛——唯有发自内心的主动去做，才能自律，才能有动力。

第三，保障孩子自由玩耍与运动的权利。电子科技大学宁博宇入选华为“天才计划”的案例引发广泛关注。与大家想象中的学霸不同，宁博宇的生活中并非只有读书，他从小到大都特别爱玩、爱运动，尤其喜欢街舞、跳高、游泳等。小学期间斩获成都市悠悠球大赛冠军，中学期间刷新校跳高纪录，大学期间问鼎街舞、跳高、蛙泳等赛事冠军，同时还是多元发展的 B 站 UP 主。正如脑科学专家洪兰教授所说，运动、阅读、游戏是促进大脑发育的三把钥匙。宁博宇的成功密码，恰恰在于那些“不务正业”的爱好，不仅可以缓解压力、激活思维，更构建起张弛有度的良性成长循环。心理学家斯图尔特·布朗历时 41 年追踪 6000 人的研究证实，童年不能无拘无束玩耍的人，培养不出社交能力、应对压力的能力以及解决问题的认知技巧，成年后可能会不快乐，难以适应新环境，容易做出极端的事情。对孩子而言，游戏与运动本身就是重要的学习方式。真正的智慧养育，应当归还孩子本属于童年的欢乐，让孩子在充满不确定性的探索中自然生长。

人生是场马拉松，较之短暂的冲刺爆发，持久的耐力更为关键。父母唯有克服焦虑、保持定力，方能帮助孩子构筑稳健的人生根基。期待所有望子成龙的父母都能保持清醒，把眼光放得长远些，培育出真正独立且内心丰盈的孩子。

参考文献

[1]〔美〕理查德•格里格 . 心理学与生活 [M]. 王垒，等译 .20 版 . 北京：人民邮电出版社 . 2024.

[2]〔美〕戴维•迈尔斯 . 社会心理学 [M]. 侯玉波，乐国安，张智勇，等译 .8 版 . 北京：人民邮电出版社，2006.

[3]〔美〕本杰明•斯波克 . 斯波克育儿经 [M]. 哈澍，武晶平，李佳易，译 .10 版 . 北京：中信出版集团，2022.

[4]〔苏〕瓦•阿•苏霍姆林斯基 . 要相信孩子 [M]. 王家驹，译 . 北京：教育科学出版社，1981.

[5]〔英〕约翰•洛克 . 教育漫话 [M]. 杨汉麟，译 . 北京：人民教育出版社，2006.

[6] 陈鹤琴 . 家庭教育 [M]. 北京：商务印书馆，1925.

[7] 叶圣陶 . 叶圣陶教育文集 2[M]. 北京：人民教育出版社，1994.

[8]〔美〕马斯洛 . 自我实现的人 [M]. 许金声，刘锋，等译 . 北京：三联书店，1987.

[9]〔加拿大〕李利安•H. 史密斯 . 欢欣岁月 [M]. 梅思繁，译 . 长沙：湖南少年儿童出版社，2014.

后 记

在当今社会，家庭教育已成为一个不容忽视的重要课题。作为父母，我们不仅需要关注孩子的身体健康和学习成绩，更应从全面发展的角度注重培养孩子的人格与品质。本书从爱的教育、规则教育、习惯养成、价值观塑造等维度对家庭教育展开探讨，希望能带给大家一些启发。

爱是家庭教育中不可或缺的核心元素。父母需要用爱滋养孩子的心灵，使其感受到温暖与安全。这种爱不仅通过语言传递，更需要借助行动与细节体现。父母应当关注孩子的情感需求，尊重其想法与感受，给予其充分支持与鼓励。同时要重视亲子间的有效沟通与良性互动，构建亲密的家庭关系。通过持续的爱的教育，孩子方能学会关爱自我、善待他人、奉献社会，最终成长为有爱心、有温度的人。

规则教育是家庭教育体系的重要支柱。孩子需要明确行为边界，理解如何在群体中规范自身言行。规则教育的本质在于帮助孩子建立正确的行为准则，培养其自律意识与责任感。在规则制定过程中，父母需综合考虑孩子的年龄特征、性格特点与发展需求，制定科学合理的行为规范。同时，要注重规则执行的连贯性与奖惩机制的公平性，使孩子真正理解规则的价值。唯有通过规范引导与合理约束，才能培养出孩子的自律性和责任感，以便未来更好地适应社会。

习惯养成是家庭教育的重要内容。良好的行为习惯不仅能提高孩子的学习和生活效率，更将深刻影响其人格特质的形成。父母应系统培养孩子的时间管理、自主学习、规律作息等基础习惯，引导其积极参与集体活动与社会实践。在习惯培养过程中，父母既要耐心引导、及时纠偏，更要注重以身作则的示范效应。只有通过持之以恒的强化与巩固，才能帮助孩子建立受益终身的良好习惯。

价值观塑造是家庭教育的核心使命。家庭教育的终极目标在于帮助孩子树立正确的价值观念，培养具有社会责任感和健全道德品质的现代公民。父母应着重培养孩子的诚信意识、友善品质、尊重理念和责任担当。在日常生活中，父母可通过言传身教传递价值观念，引导孩子在实践中进行自我反思与行为调整；

同时，要注重培养孩子的独立思考能力，帮助其构建符合时代要求的价值观。

社会责任教育是家庭教育中不可或缺的维度。作为未来的社会成员，每个孩子都需要具备基本的社会担当意识。父母应有意识地培养孩子的社会责任感与公益精神，引导其关注公共事务。参与志愿服务、环保实践等公益活动，既能增强孩子的社会参与意识，又能培养其团队协作与组织协调能力。此外，还需注重培育孩子的生态意识与公德观念，助力其成长为具有现代公民素养的社会栋梁。

综上所述，家庭教育是一项系统而复杂的育人工程。在教育实践中，父母需要以爱滋养孩子的心灵，用规则引导孩子的行为，借习惯塑造孩子的品格，凭价值指引孩子的方向，通过责任增强孩子的担当意识。唯有在和谐、温暖、尊重的家庭教育环境中成长的孩子，才能形成健全的人格品质，最终成长为社会的栋梁之材。